V. GUELFA
S. LORENZO
V. CAVOUR
S. MARCO
VIA
V. RICASOLI
DUOMO
MUSEO DELL' OPERA
FIESOLE
V. FIESOLANA
VIA D. ORIUOLO
BARGELLO
VIA D. CALZAIUOLI
V. GHIBELLINA
CASA DI MICHELANGELO
PALAZZO VECCHIO
UFFIZI
V. D. BENCI
S. CROCE
ARNO
PIAZZALE MICHELANGELO
ALÁCIO PITTI
JARDINS BOBOLI
SIENA
GALILEO GALILEI
MONTE ALLE CROCI
1
2
3
4
5
6
7
8

FLORENÇA

DAVID LEAVITT

Florença

Um caso delicado

Tradução

Walter Carlos Costa

Ilustrações

Paulo Pasta

COMPANHIA DAS LETRAS

Título original Florence, a delicate case

Capa William Webb (adaptada por Raul Loureiro)

Foto da capa © Bettman / Corbis

Projeto gráfico Raul Loureiro

Preparação Cacilda Guerra

Revisão Maysa Monção e Ana Maria Barbosa

Dados Internacionais de Catalogação na Publicação (CIP)
Câmara Brasileira do Livro, SP, Brasil

Leavitt, David, 1961 -
Florença, um caso delicado / David Leavitt ; tradução de Walter Carlos Costa; ilustrações Paulo Pasta. — São Paulo: Companhia das Letras, 2002.

Título Original: Florence, a delicate case
ISBN 85-359-0286-4

1. Florença (Itália) — Descrição e viagens 2. Florença (Itália) — Usos e costumes 3. Homens gays — Itália — Florença — Biografia 4. Leavitt, David, 1961 — Casas e Lugares freqüentados — Itália — Florença — I. Pasta, Paulo. II. Título

02-4816 CDD-914.551

Índices para catálogo sistemático:
1. Florença: Itália: Descrição e viagens 914.551

2002

EDITORA SCHWARCZ LTDA.
Rua Bandeira Paulista, 702, cj. 32
04532-002 — São Paulo — SP
Telefone (11) 3167-0801
Fax (11) 3167-0814
www.companhiadasletras.com.br

AGRADECIMENTOS

Pela ampla ajuda durante a pesquisa e a elaboração deste livro, sou grato a Mark Roberts, da biblioteca do British Institute de Florença; a Liz Calder, arquiteta desta série maravilhosa; a Colin Dickerman e Edward Faulkner, da editora Bloomsbury; a Jin Auh, Rose Gaete e Andrew Wylie, da Wylie Agency; a James Lord; e muito especialmente a Edmund White, cujo estímulo e apoio, ao longo dos anos, foram mais importantes para mim do que ele imagina.

Este livro não poderia ser dedicado a ninguém mais que a Mark Mitchell, a outra metade do "nós" que narra algumas destas páginas. Foi Mark quem nos trouxe pela primeira vez a Florença, em 1993; ele já conhecia tão bem a cidade que por semanas desconheci sua geografia, pois era muito mais fácil segui-lo. Levou-me para ver os afrescos de Benozzo Gozzoli no Palazzo Medici-Riccardi e o edifício onde Forster havia se hospedado. Apresentou-me ao ex-seminarista de Cosenza que gostava de usar paramentos barrocos e me forçou a provar dobradinha. Mais tarde, quando comecei a escrever, chamou minha atenção para livros que eu, de outra forma, não teria visto; leu pacientemente numerosos rascunhos e me brindou com suas grandes habilidades editoriais. Não exagero quando digo que, sem ele, este pequeno volume nunca teria vindo à luz.

Sou culto, se é que sou alguma coisa; ou, pelo menos, o que o mundo espera de mim é cultura. Mas, no fundo do coração, não acredito na cultura a não ser como um complemento da vida.

John Addington Symonds,
em suas memórias

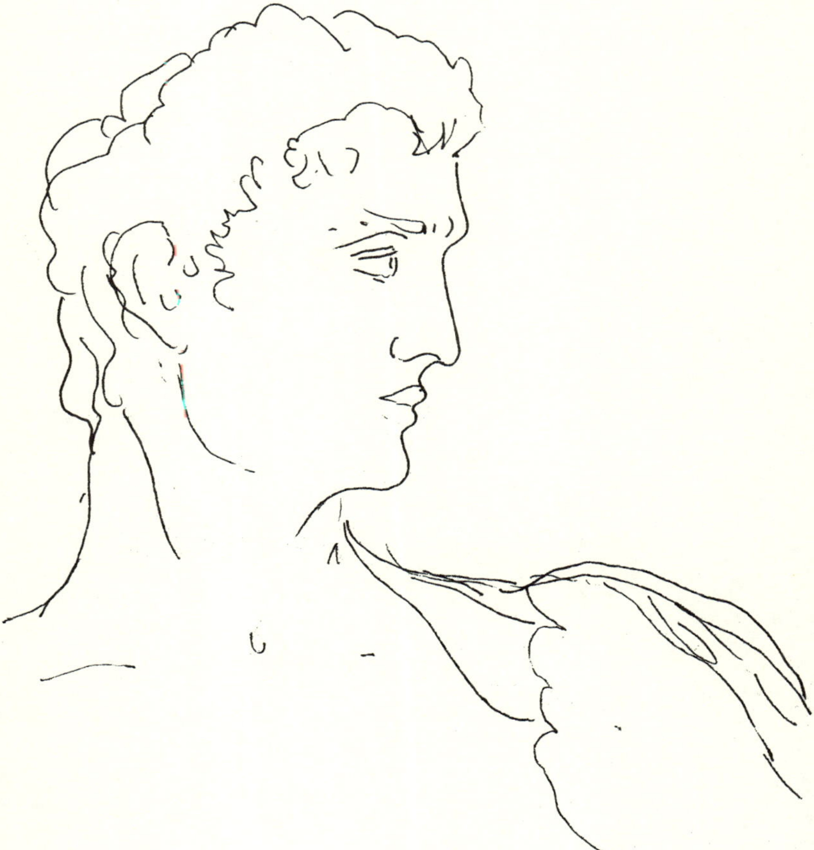

CAPÍTULO UM

Florença sempre foi um dos lugares preferidos pelos suicidas. No verão de 1993, quando pela primeira vez me mudei para a cidade, uma jovem lançou-se ao vazio do alto de uma torre de sino, ao lado do Duomo. Quando chegamos lá, tudo o que restava era um tênis pendurado nos andaimes. *La Nazione*, jornal de Florença, noticiou que se tratava de uma estrangeira, uma turista, o que não surpreendeu ninguém. Alguns meses antes, um vago conhecido nosso, um ator cuja carreira e casamento estavam se afundando, chegou de Los Angeles, foi para o Hotel Porta Rossa e imediatamente esvaziou um frasco de antidepressivos. A única coisa que conseguiu foi ficar violentamente doente e, depois de passar uns dias no hospital de Santa Maria Nuova, voltou à Califórnia e retomou a vidinha de antes. Contam que, em 1953, o romancista norte-americano John Horne Burns, autor de *The gallery*, bebeu até morrer no bar do Hotel Excelsior. (Ernest Hemingway, um dos admiradores de Burns, disse a Robert Manning: "Tinha um cara que primeiro escreveu um baita livro, depois um livro de merda sobre um colégio particular e depois se detonou".) Os quartos de hotel do velho mundo florentino parecem fazer parte do atrativo, com seus tetos altos, suas fumarolas de poeira, suas chaves de porta penduradas em sinos de cobre, tão pesadas que duas delas bastariam para levar a gente para o fundo do Arno.

Estou exagerando — o que é fácil fazer em uma cidade tão afeita a pompa, cerimônias e regatas. Temos um amigo em Florença, um ex-seminarista (*não* florentino; ele é de Cosenza, no sul), que todo ano durante o *carnevale* veste paramentos litúrgicos ricamente adornados, do século XVIII, "emprestados" de um guarda-roupa de igreja do qual, por ser organista, possui a chave. Perambulando pelas ruas como se encabeçasse uma procissão religiosa, ele exibe toda a *baldanza*, a grandiosidade do cardeal Richelieu ou da Ceifadeira. Em Florença, a morte parece menos temível e mais glamourosa que em outros lugares, talvez pela superabundância de cristos mortificados, muitos deles medievais e careteiros, com feridas expostas. Na recém-restaurada cúpula da catedral de Santa Maria del Fiore (ou o Duomo, como é mais conhecido), as visões celestiais de Vasari pairam sobre um abarrotado submundo no qual almas impenitentes sofrem terríveis agonias. Uma longa investigação no caso do "Monstro de Florença", um serial killer que assassinou dezesseis pessoas entre 1968 e 1985, chegou à conclusão de que o "monstro" fazia parte de um culto satânico, cujos membros incluíam algumas das pessoas mais poderosas da cidade, assim como agentes do equivalente italiano da CIA. Não admira que Hannibal Lecter tenha decidido mudar-se para cá!

De todos os que escreveram sobre Florença, ninguém captou melhor sua morbidez do que Walter Pater, que atribuiu aos florentinos do século XV "a decisão prática de que se preocupar com a idéia de morte era, em si, dignificante, constituindo uma nota de alta qualidade... Freqüentemente, e com que variedade de formas, terão eles visto a vida eliminada, em suas ruas e casas!". Não é coincidência que quase no começo de *A room with a view*, de E. M. Forster (1908), o mais famoso romance a ter Florença como cenário, um assassinato seja cometido em plena luz do dia, na Piazza della Signoria, e presenciado por Lucy Honeychurch, que, sendo inglesa, imediatamente desmaia. O sangue mancha algumas fotos que ela acabara de comprar de Alinari, e que George Emerson joga no Arno, ocupando-se primeiro em socorrê-la. No entanto, o episódio aproxima os dois e os transforma. "Algo extraordinário aconteceu", diz George. "Preciso enfrentar a situação sem me confundir. E esse algo não é exatamente o fato de um homem ter morrido."

Não, não era. Mas, então, o que era *aquilo*? Exatamente?

Quase cem anos depois de *A room with a view*, turistas ainda vêm a Florença à procura desse "algo"; e não apenas as "hordas bárbaras do Norte" menosprezadas por Mary McCarthy, invadindo a cidade em ônibus de onde são despejadas como térmitas de um ninho detonado; mas também visitantes sóbrios, delicados, lidos, intensamente cuidadosos e tão ávidos quanto Lucy Honeychurch para entrar na "Florença verdadeira", para penetrar naquela indefinível membrana que separa a experiência turística do que se poderia chamar — encontrar a palavra certa é difícil porque o conceito é irreal — experiência "genuína". Tais visitantes evitam o quanto podem os restaurantes com cardápios escritos em inglês, embora esses com freqüência sejam os melhores. Determinados a não cair na armadilha dos hotéis turísticos, ficam em pensões charmosas, ainda que caras, e nunca são vistos com um manual de conversação. O que querem de Florença é o que George quer de Florença, é o que Pater queria de Florença, é o que o jovem Forster queria de Florença; ou seja, satisfazer em Florença alguma indefinível idéia de auto-realização à qual a cidade sempre foi associada — e isso apesar de tantos de seus aspectos promoverem a imagem oposta.

Para o visitante contemporâneo, Florença pode parecer alternadamente importuna e vulgar, em alguns bairros pouco hospitaleira e em outros cedendo ao mais baixo impulso turístico. Uma volta pela Piazza della Signoria em uma manhã quente de primavera fará você se sentir em uma Disneylândia histórico-artística, com filas serpentinas na Uffizi e o *Davi* de Michelangelo (o falso) no papel de Mickey Mouse. Saia do roteiro tradicional, no entanto, como Lucy tenta fazer com a romancista Eleanor Lavish, e o mais provável é que você se veja contemplando pouco mais que fachadas de pedra. Muitas das ruas são tão estreitas que, quando passar um carro, você terá que se encostar na parede, feito gato assustado. Por onde quer que você vá há portas tão imensas que foi preciso entalhar dentro delas outras portas, menores, de tamanho humano; há até mesmo portas de madeira que foram esculpidas para parecer de pedra. Todas estão fechadas — ainda assim, quando se abre uma delas e surge um velho cachorro schnauzer, puxando a guia segura por sua *contessa*, durante o milésimo de segundo em que ela mexe com as chaves você vislumbrará o pátio com uma fonte, perfumado por limoeiros e magnólias, corniso inglês e espessas ramas de glicínia enroscadas em antigas grades de ferro. Aí a porta se fecha rangendo e você fica outra vez sozinho com o que McCarthy chamou de "autoritárias superfícies" das fachadas.

Um sentimento de exclusão, de deliberadamente não ser convidado para certa festa maravilhosa, obscuramente entrevista ou talvez só imaginada, sempre fez parte da experiência do turista em Florença — e não apenas exclusão da "Florença verdadeira" dos florentinos, mas do rarefeito mundo ocupado pelos expatriados do país de origem. Assim, o reverendo Eager tenta seduzir Lucy Honeychurch oferecendo-se para apresentá-la à colônia residente, "pessoas que nunca usam guias turísticos, aprenderam a fazer a sesta depois do almoço, trilharam percursos de que os turistas de pensão nunca ouviram falar e visitaram, graças a contatos pessoais, galerias inacessíveis para eles". Como confia a Lucy, "nós, residentes, às vezes temos pena, e não pouca, dos turistas — levados para cima e para baixo como um pacote de mercadorias, de Veneza a Florença, de Florença a Roma, se alojando como rebanhos em pensões e hotéis, perfeitamente ignorantes do que não esteja no guia turístico, sua ansiedade de 'fazer' ou 'terminar' para logo ir a outro lugar".

O residente fala, aqui e alhures, com desdenhosa superioridade. E, no entanto, não esqueçamos que ele ou ela também já foi turista; também veio um dia a Florença pela primeira vez, perplexo, inseguro e confiando em um guia turístico — a menos que aconteça de ter nascido aqui, como John Singer Sargent, Harold Acton ou Florence Nightingale, e nesse caso a experiência de virgindade meramente se deslocou uma geração. Não pensem que Florença é uma cidade hospitaleira; ela rejeita o recém-chegado com um duro soco lateral e um olhar gélido. Preste atenção na fachada do Duomo e discernirá, à direita do conjunto direito de portas, um anjo fazendo um gesto ofensivo, o braço direito dobrado, o punho cerrado, a mão esquerda descansando no bíceps direito: *vaffanculo*!

Chegar raramente é fácil. O vento no aeroporto é tão forte que os vôos costumam ser desviados para Pisa, e os passageiros, levados de ônibus para o centro da cidade. Os trens que chegam na estação de Santa Maria Novella (um simpático testamento ao atavismo fascista) evacuam sua carga humana em meio a uma confusa turba de trabalhadores que viaja todo dia para o trabalho, taxistas, funcionários de hotel aliciando clientes, guias, ciganos, homens à caça de mulheres, mendigos e turistas atônitos, perdidos em ilhas de bagagens. A fila para pegar um táxi normalmente é longa; para entrar na cidade a pé é preciso atravessar um corredor subterrâneo repleto de lojas de CDs baratos, nas quais se encosta um amontoado de viciados em drogas com seus cães entorpecidos.

Os hotéis tendem a ser caros e estão quase sempre lotados. Quem aparece em Florença sem ter feito reserva deve enfrentar negativas e até constrangimento, já que um dono depois do outro — tendo primeiro expressado espanto pelo fato de o candidato a hóspede não ter ligado antes — indica outro local e o visitante termina em um desses pequenos hotéis ou pensões junto à estação, que caçam clientes na rua e parecem sempre dispor de vagas: quartos frios e úmidos, caríssimos e que dão para pátios internos ou ruas barulhentas. A maioria dos restaurantes é ruim e mesmo os bons apresentam obstáculos para a sua apreciação. O Cibreo, um dos mais famosos da cidade, está dividido em duas partes, um *ristorante* caro e uma *trattoria* menos cara, onde se tem a mesma comida pela metade do preço. Na *trattoria*, porém, você é obrigado a sentar em cadeiras que desafiam a mais robusta coluna, compartilhar apertadamente mesas minúsculas com estranhos, ofegar em meio a nuvens de fumaça. A comida é autenticamente, e poderíamos dizer, inclusive, rigorosamente, toscana. Nunca se serve massa; ao contrário, a entrada é, em geral, sopa de feijão, um lembrete de que em outras partes da Itália os toscanos são conhecidos como *mangiafagioli*: comedores de feijão. Os miúdos aparecem com destaque no menu. Sob a rubrica *secondo* está *collo di pollo*, pescoço de galinha recheado. Do mesmo modo, o *centro storico* é repleto de barracas onde se podem comprar sanduíches de bucho ou de *lampredotto*, que é a mesma coisa que bucho, só que tirado de outro dos inúmeros estômagos da vaca. O pão é sem sal. *La cucina fiorentina* privilegia, como se vê, o estômago.

Continuo minha listagem dos males da cidade, com o compromisso de que seus prazeres serão cantados em breve. O tempo é, em geral, péssimo, pois Florença ocupa a *conca*, ou bacia, que se espalha entre dois importantes grupos de colinas — o Mugello ao norte e o Chianti ao sul. No verão o ar é mormacento, *afoso*; os cinemas, poucos dos quais têm ar-condicionado, fecham nessa estação em que os florentinos mais abastados partem para suas casas de praia em Viareggio, Versilia e Forte dei Marmi. O inverno não é melhor, com um vento que traz em seus braços gelados grande quantidade de espécies raras e inclassificadas de gripe. No entanto, durante muito tempo Florença foi considerada o lugar ideal para os convalescentes, saudada por seu clima salutar, e o resultado foi que muitos tuberculosos vieram para cá com esperanças de recuperação. O cruel ardil dos agostos maláricos e gélidos janeiros não deixou de surtir efeito naqueles que chegavam mal de saúde, pioravam e morriam.

Um deles foi Charles Kenneth Scott Moncrieff, mais lembrado como tradutor de Proust, embora também tenha traduzido a *Chanson de Roland* e Stendhal. Como tantos que imigraram para Florença no início do século xx, Scott Moncrieff sempre fora um outsider em sua Inglaterra natal. Aos dezoito anos publicou "Evensong and Morwe Song" — que Paul Fussell descreveu como "um corajoso e obsceno conto de felação adolescente" — no número ilustrado de *New Field*, a revista literária que ele editou na Winchester School, de onde foi imediatamente expulso. Mais tarde, foi ferido no pé na Frente Ocidental, após o que começou a mancar. Em Londres, freqüentava o mesmo círculo dos *Uranian poets* [poetas uranistas] ("unidos em sua admiração por rapazes"), assediou Wilfred Owen e foi, por um tempo, amante de Christopher Millard, secretário de Robert Ross e primeiro bibliógrafo de Oscar Wilde.

Scott Moncrieff mudou-se para Florença na década de 1920. Em *Adventures of a bookseller*, G. Pino Orioli descreveu-o como "não o que eu chamaria uma criatura agradável, ao contrário, ninguém era mais inclinado a se ofender que ele. Gostava de brigar por qualquer pretexto e com todos os amigos, embora as brigas nunca durassem muito tempo, pois era daqueles que não conseguem viver sem amigos; mas só por essa característica poderia ter perdido todos eles para sempre".

Orioli atribui o mau humor de Scott Moncrieff, pelo menos parcialmente, a seu ferimento — o que não o impediu de fazer passeios a pé e mesmo dar longas caminhadas. "Às vezes caminhávamos pelo bosque de eucaliptos de Viareggio", lembra Orioli, "onde tive a oportunidade de ver como ele trabalhava."

> Levava em sua mão direita o volume francês que estava traduzindo, lia umas poucas linhas, interrompia a leitura para falar comigo e então pegava um caderno do bolso e escrevia em inglês as linhas que acabara de ler, encostado em um eucalipto. Aí começava uma nova leitura, depois a conversa e finalmente a tradução para o inglês. Ficou furioso quando lhe disse que superara minha fase proustiana e estava farto de Swann e da entediante Albertine.

Scott Moncrieff seguiu outra tradição anglo-florentina ao se converter ao catolicismo; de fato, a intensidade de sua devoção espantou Orioli, que lembra tê-lo deixado sozinho no frio glacial do Duomo em Pisa, no meio da missa do galo, "dizendo que eu não queria pegar pneumonia. Ele simplesmente deixou de falar comigo depois da cena. Quando mais tarde nos encontramos em Florença, ele começou a conversa dizendo que eu era um herético e iria para o inferno".

A resposta de Orioli à ameaça ilustra o estilo bateu-levou de muitos católicos italianos:

> Um sujeito que traduz um livro sobre Sodoma e Gomorra escrito por um judeu certamente merece ir para o inferno, a menos que mostre arrependimento. Quanto a mim, não irei para o inferno porque temos sido bons católicos desde que o catolicismo existe e porque houve uma infinidade de padres piedosos na nossa família, para não mencionar o cardeal Orioli, tio-avô de meu pai. Espere até ter um cardeal na família para começar a mandar os outros para o inferno.

Esta *riposte*, conclui Orioli alegremente, desconcertou o pobre Scott Moncrieff, que precisou "fazer o sinal-da-cruz cinco ou seis vezes para manter a calma". No entanto, para o tradutor exilado, já com a saúde abalada, a vida no além não era meramente assunto para zombaria. De fato, ele morreu pouco tempo depois, aos quarenta anos. Um poema que escrevera alguns anos antes, intitulado "Growing old early" — uma réplica, talvez, ao pessimista "Growing old", de Matthew Arnold —, fornece um epitáfio não só para ele mas para tantos ingleses e inglesas doentes que se estabeleceram em Florença:

> *Yet now, in Autumn's granary, pent*
> *From splitting frost and scattering wind,*

Security in banishment,
Rest after growth I find.

[Mas agora, no celeiro do outono, apartado
Da cortante geada e do vento ido,
Seguro, embora exilado,
Descanso, amadurecido.]

Descanso, amadurecido. Norman Douglas, visitando Scott Moncrieff em seu leito de morte, em 1930, descreveu-o como "enrugado como um macaco e irreconhecível". Orioli, que acompanhou Douglas na ocasião, escreveu que ele "tinha um crucifixo e um rosário nas mãos e usava uma corrente de medalhas devocionais no pescoço". Foi o exato momento em que *"the colors deepened and grew small"* [as cores escureceram e ficaram esmaecidas] — como disse Wallace Stevens em outro poema, apropriadamente intitulado "Anglais mort à Florence".

Florença é a única cidade européia, que eu me lembre, onde os cidadãos mais ilustres, nos últimos 150 anos pelo menos, têm sido sistematicamente estrangeiros. Com quem, afinal de contas, associamos a cidade? Para começar, com Harold Acton, cuja Villa La Pietra recentemente se tornou o campus toscano da New York University. (Mais lembrado por sua conversa do que por seus livros, diz-se que ele foi o modelo de Anthony Blanche em *Brideshead revisited*, de Evelyn Waugh — uma "mancha" que passou o resto da vida tentando apagar.) Forster também vem à mente, embora ele tenha passado apenas umas poucas semanas em Florença quando jovem. O mesmo ocorre com o grande historiador da arte Bernard Berenson. (Sua mansão, I Tatti, na Via Vincigliata, agora pertence a Harvard.) Atualmente, cerca de 25 universidades norte-americanas mantêm campi em Florença; por isso a cidade está repleta de universitários norte-americanos. Há uma padaria americana, a Carly's, e um bar americano, The Red Garter. Os filmes são exibidos em *versione originale* com legendas, algo ainda raro no resto da Itália. Freqüentemente encontramos mulheres que vieram à cidade para estudar, se apaixonaram por florentinos e se casaram. Minha meia-irmã, Leslie Blumen, é uma delas. Durante o semestre de estágio no exterior, conheceu Marcello, com quem viveu alguns anos em um apartamento na Via delle Belle Donne. Depois do casamento eles se mudaram para Washington, onde ela abriu uma loja para vender papel florentino. Mais freqüentemente, as americanas que se casam com florentinos permanecem na Toscana. Um bom exemplo é nossa amiga Emily Rosner, que tem, junto com o marido Maurizio, uma livraria americana em Florença, a Paperback Exchange, na Via Fiesolana. Os filhos, bilíngües perfeitos, contrastam radicalmente com os descendentes dos primeiros anglo-florentinos, em geral criados por mulheres toscanas. Eram chamados *anglo-becero*, anglo-caipiras, por causa do sotaque que pegavam de suas babás. Do mesmo modo, os aristocratas florentinos costumavam contratar governantas e babás britânicas para criar seus filhos, que terminavam falando *cockney*.

Segundo os italianos, os toscanos falam o italiano mais puro, se não o mais belo. (O ideal é *una lingua toscana in una bocca romana*.) Isso pode explicar por que a cidade conta com tantas escolas de língua, a maioria delas com o nome de grandes figuras do Renascimento, como Dante e Michelangelo. Mark e eu estudamos italiano no British Institute, fundado na década de 1930 por Acton com sua amiga biógrafa Joan Haslip. A maioria de nossos colegas de curso eram ingleses, muitos deles adolescentes que se preparavam para ingressar em Oxford ou Cambridge. Uma das moças, cujos pais tinham casa em Chianti, queixou-se de que, ao tentar falar italiano com "os camponeses", não conseguira entender o que diziam "porque eles não tinham dentes". O que ela, na realidade, pode ter ouvido é o famoso "c" aspirado de Florença, que transforma, por exemplo, a palavra *casa* em "hasa". Uma brincadeira no resto da Itália é chegar para um florentino num bar e solicitar a ele que peça "uma Coca-Cola com um canudinho" (*Una* ho*ha*-ho*la* ho*n un* ha*nnuccia* ho*rta*).

Como diz o ditado, contudo, o melhor lugar para aprender uma língua é na cama, e a maioria das mulheres americanas que conhecemos em Florença fala um impecável italiano toscano, com o "c" aspirado e tudo. Muitas vivem em apartamentos labirínticos, ou em casas campestres no topo das colinas, na periferia, a vinte minutos do centro da cidade — muito diferentes das pensões onde passaram seus dias de estudantes. Essas pensões ainda continuam em plena atividade e, todo ano, abrigam os estudantes que chegam em ondas, alguns dos quais acabam ficando pelo resto da vida. Eles emprestam à cidade uma atmosfera não muito diferente da de uma cidade universitária americana. Talvez por causa deles, a pizza é imensamente popular aqui, embora o prato seja originário de Nápoles. Certa tarde no Yellow Bar, uma imensa pizzaria na Via del Proconsolo, aconteceu de dividirmos a mesa com uma americana quarentona e um romano na faixa dos setenta anos. Soubemos depois que ela era a diretora de design de Ferragamo e que ele abrira a primeira pizzaria de Florença, uns 25 anos antes. É fácil encontrar gente assim por aqui e, se menciono o fato com certa surpresa, é só porque não ocorreu na chique Trattoria delle Belle Donne ou no Cibreo, mas no Yellow Bar, com seus pôsteres de Buffalo Bill, seus cardápios em inglês e uma equipe de caça-clientes que vai toda tarde ao centro distribuir propaganda: em suma, no típico restaurante "turístico" que eu, como estudante de visita a Florença nos anos 80, teria evitado como a peste. Mas foi também no Yellow Bar que certa vez vimos Franz Brüggen, regente da Orchestra of the Eighteenth Century, comendo pizza depois de um concerto no Teatro della Pergola; no Yellow Bar é que vimos com freqüência os donos de uma papelaria na Via della Condotta, os francos e simpáticos irmãos Romeo, cujos olhos penetrantes fizeram com que mais de um historiador da arte gastasse vinte minutos escolhendo um lápis; no Yellow Bar, finalmente, é que às vezes vemos — ainda bonito depois de todos esses anos, com seu espesso cabelo grisalho — o ator que, no filme de Merchant-Ivory *A room with a view*, interpretou o cocheiro que conduz Lucy para as violetas, para ser beijada por George Emerson. Phaethon — como Forster chamou esse cocheiro — agora tem uma loja de souvenirs no alto da Via del Proconsolo. Habitué do Yellow Bar, normalmente se senta em um canto, não raro acompanhado de uma beldade japonesa, que pode ou não ter vindo à Itália para seduzi-lo, depois de ter seu destino anunciado, em uma tarde de inverno, na tela de algum cinema de Osaka, onde entrara para se proteger da chuva... Não, provavelmente não. E, no entanto, algo de Florença estimula a imaginação e as especulações mais sentimentais.

De modo algum Florença pode ser considerada uma cidade "grande", e isso sempre fez parte de seu charme. Em Roma, você depende de ônibus; em Paris, de metrô e táxi. Já em Florença, você pode ir a pé a praticamente qualquer lugar, mesmo no campo, que começa logo depois do Belvedere, no topo da Costa San Giorgio. Ou talvez eu devesse dizer que você pode ir a qualquer lugar a pé se começar sua caminhada dentro dos limites do que Henry James chamou "a compacta e cercada massa da qual a Piazza della Signoria [é] o centro imemorial". Escrevendo em 1873, James já lamentava a "expansão" dessa massa, "pela prática de agentes empreendedores, em um organismo não circundado, ao estilo de Chicago, como eles dizem brutalmente; um desses lugares em que, como a graça da circunferência não está em parte alguma, a dignidade do centro já não pode se afirmar".

James não gostaria de saber que, 130 anos depois, a expansão se intensificou, sendo seu mais recente fruto a construção de uma linha de bonde que liga o centro da cidade ao subúrbio de Scandicci, onde a romancista Ouida morou uma época e agora é um amontoado de feios prédios de apartamentos. O turista sofisticado provavelmente não tomará esse bonde; em geral ele vai a lugares mais sadios, Chianti, por exemplo, ou, subindo, Fiesole ou Settignano, onde Michelangelo passou a infância. Porque o turista, apesar das declarações de que quer ver a "verdadeira Florença", não está interessado em sua expansão urbana desordenada, mas sim naquilo que Bernard Berenson chamou de *conoscing*, cujo objeto é a descoberta de maravilhas insuspeitas. (O termo deriva do verbo italiano *conoscere*, "conhecer".) Ele quer levar para casa, se não uma prova fotográfica, pelo menos o conhecimento interior de ter compartilhado todas as maravilhas que Florença tem a oferecer — como se isso fosse possível no curso de uma vida.

E que maravilhas tem Florença! Incrivelmente, ela abriga quase um quinto dos tesouros de arte do mundo. Um quinto! Um itinerário completo pela cidade inclui arquitetura, escultura e pintura, os grandes museus (Bargello e Uffizi), mas também os pequenos (Stibbert e Horne), edifícios públicos, palácios e inúmeras igrejas, Botticellis, Leonardos, Michelangelos, Giottos, Masaccios, Fra Angelicos, Gozzolis, Pontormos e Donatellos... E mesmo que você consiga ver tudo isso, mesmo que fique em Florença um ano, ou cinco, sempre haverá algo que você terá deixado escapar, alguma remota igreja conhecida apenas dos *conoscenti* de *conoscing*, sobre a qual você será devidamente informado só na véspera de sua partida.

Os viajantes do século XIX, que geralmente visitavam Florença durante um mês, ou mesmo vários meses, conseguiam manter um ritmo mais lento, alternando suas perambulações artísticas com sessões de chá, compras e recepções. (O romance *Indian summer*, de William Dean Howell, de 1886, descreve justamente uma dessas "temporadas" florentinas.) Quando Clara Schumann chegou a Florença em 1880, sua anfitriã Lisl von Herzogenberg escreveu a Brahms que, para apreciar devidamente a cidade, seria preciso mais tempo do "que uma passagem de ida e volta — horrível invenção — permitia...". E, no entanto, sua reação ao que conseguiu ver sugere que madame Schumann havia sido grata à sua passagem de ida e volta.

> Aconteceu algumas vezes de a encontrarmos sentada em uma cadeira diante de um Signorelli ou um Verrochio, parecendo muito preocupada, esfregando as mãos com temeroso entusiasmo — sem perder o controle emocional e sem deixar que sua alma, tão capaz de vibração, se comovesse.

Logo, evidentemente, a passagem de ida e volta daria lugar a invenções muito mais horríveis, como as linhas aéreas comerciais; à medida que viajar foi ficando mais fácil, a estadia média em Florença diminuiu drasticamente, de modo que hoje o usual é ver a cidade em uns poucos dias e mesmo em umas poucas horas. O resultado é uma versão ainda mais intensa da sobrecarga sensorial sofrida por madame Schumann. Em 1989, Graziella Magherini, psiquiatra do hospital de Santa Maria Nuova, observou tantos casos de estrangeiros que, literalmente, desmaiavam depois de terem visto arte em demasia que ela denominou o fenômeno "síndrome de Stendhal", evocando um episódio do diário do romancista em que recorda palpitações e sensação de desmaio durante uma visita à basílica de Santa Croce, em 1817. "*J'étais déjà dans une sorte d'extase*", escreve Stendhal, "*par l'idée d'être à Florence, et le voisinage des grands hommes dont je venais de voir les tombeaux. Absorbé dans la contemplation de la beauté sublime, je la voyais près, je la touchais pour ainsi dire. J'étais arrivé a ce point d'émotion où se rencontrent les sensations célestes données par les beaux-arts et les sentiments passionnés. En sortant de Santa Croce j'avais un battement de coeur...; la vie était épuisée chez moi, je marchais avec la crainte de tomber.*" [Eu estava em uma espécie de êxtase, pela idéia de estar em Florença e pela proximidade dos grandes homens cujas sepulturas eu acabara de ver. Absorto na contemplação da beleza sublime, eu a via de perto, eu a tocava, por assim dizer. Eu havia chegado àquele ponto da emoção onde se encontram as sensações celestiais dadas pelas artes e os sentimentos apaixonados. Saindo de Santa Croce, senti palpitações...; a vida se esgotara em mim, eu caminhava com medo de cair.]

É fácil entender como ele se sentia. Especialmente para aqueles de nós habituados a domínios mais banais, a imanência do antigo, do belo e do histórico em quase todos os aspectos da vida cotidiana exige certo esforço de adaptação. Por exemplo, quando Mark e eu nos mudamos pela primeira vez para Florença, no início dos anos 1990, alugamos um apartamento em um *palazzo* na Via dei Neri, com uma estátua de Mercúrio em seu vestíbulo; uma placa na fachada do edifício dizia que ali, em 1594, Ottavio Rinuccini — "*letterato illustre e gentile poeta*" — escrevera *La Dafne*, "uma fábula pastoril" que Jacopo Corsi e Jacopo Peri logo transformariam na primeira ópera do mundo. Em tais circunstâncias, a realidade pode começar a parecer um guia turístico, como quando um panorama de sacada inclui, entre inumeráveis tetos e abóbodas verde-cobre, a igreja de San Miniato al Monte, o Belvedere, e as colinas de Chianti do outro lado do rio tomam ares de cartão-postal. A realidade, então, perde todo o significado para a gente — ou talvez eu devesse dizer que *a gente* perde todo significado para *ela*. Tais vistas, dizemos, assombram, arrebatam... Todo verbo ligado a vistas florentinas implica colapso, submissão. Há momentos, especialmente à noite, em que uma caminhada pela Piazza della Signoria me deixa estupefato; com maior freqüência, no entanto, quando atravesso a *piazza*, mal a vejo, tão concentrado estou em meus pensamentos, ou na conversa que estou tendo, ou em abrir caminho entre os muitos grupos de turistas que abarrotam aquela parte da cidade na primavera, cada um se movendo com a determinação de um cardume de peixes, um bando de aves migratórias, e conduzidos por uma guia que segura um bastão com um lenço de cores vivas para distingui-la de outros guias. Nessas ocasiões, invejo o primeiro olhar para a *piazza* de todo recém-chegado, especialmente se esse olhar acontece pela manhã, quando ela ainda está vazia, com a presença apenas de um par de *carabinieri* sonolentos que, desde os atentados a bomba à Uffizi há quase uma década, passam a noite na viatura ao lado da Loggia dei Lanzi.

Se a melhor hora para olhar a praça é cedinho, logo depois do amanhecer, a melhor maneira de chegar até lá é partindo do rio: sobe-se a Lungarno Archibusieri, dobra-se à direita e, de repente, no fim do longo corredor Uffizi, abrindo-se como um fórceps, lá está ela — lá está você. Você fica parado, no centro do mundo. A *piazza* paira sobre você. Como a Pensione Simi (onde Forster ficou pela primeira vez, em 1901), ela tem seus residentes permanentes. Perto do Palazzo Vecchio, Netuno se banha em uma fonte que em geral está desligada. O falso *Davi* medita, eros escorrendo de seus longos dedos. Hércules castiga o vencido Caco. Poucos lugares do mundo são tão ricos em acontecimentos históricos. Afinal de contas, nesta *piazza*, Savonarola queimou as vaidades e foi, ele próprio, queimado. (Um medalhão embutido no pavimento marca o local.) Cellini inaugurou seu *Perseu* de bronze. O *Davi* de Michelangelo foi erguido e, então, alguns séculos mais tarde, levado para a Accademia, em trilhos especialmente adaptados. A rainha Vitória atravessou esta *piazza* de carruagem. Distúrbios ocorreram aqui, sangue foi derramado em grande quantidade e da sacada do Palazzo Vecchio, em 1938, Hitler apertou a mão de Mussolini enquanto os fascistas cantavam.

Hoje algas verdes cobrem as panturrilhas de Netuno. As algas são os pés-de-atleta da história. A *piazza* é o banheiro dos séculos, onde deuses e heróis desfilam nus, mostram genitais enormes, gabam-se de conquistas, exibem troféus.

Não é um lugar para mulheres. O que as mulheres espreitam entre as estátuas é algo como espectros de histeria masculina ou desejo. Políxena e as Sabinas, sendo estupradas, calcificam a fanfarronice sexual. Judite, lutando com Holofernes para cortar sua cabeça, calcifica o terror sexual. Como o conselho das mães, uma fila de Virtudes se recolhe nas sombras da *loggia*, ignorada. Uma herma, metade humana, metade árvore, é a *pin-up girl* da *piazza*. Sua folha de parreira preta chama a atenção de todos como um ponto evanescente, sua fuga do desejo provocando aquilo que tenta repelir.

À noite, a impressão é ainda mais forte. Tochas ao longo das bordas do Palazzo Vecchio emprestam um vivo esplendor às pedras, como se a luz as fizesse derreter. Nessa hora, a vista de Netuno, com sua escorregadia umidade branca, basta para dar água na boca. Olhando-o, você finalmente entende por que os escultores brigavam pelos blocos de mármore branco de Carrara. Dá vontade de tirar os sapatos, caminhar pela água da fonte e raspar as algas verdes de seus flancos com as unhas.

A promessa de um destino que beira o erótico, de um lado, e o artístico, de outro, parece sempre ter sido relacionada a Florença na imaginação do estrangeiro, atraindo-o à cidade não apenas para que *veja*, mas também para que possa *ser* ou *se tornar* algo mais do que é. Ou talvez seja mais exato dizer que em Florença ele espera resgatar uma qualidade inerente a si mesmo e cuja expressão é sufocada pela atmosfera do país natal. Como disse Pater sobre o grande historiador da arte alemão Johann Joachim Winckelmann, "nos fantásticos planos de viagem ao exterior que passavam por sua cabeça... parecia haver sempre um senso nostálgico de algo perdido a ser resgatado, mais que o desejo de descobrir algo novo".

Meu uso do "ele" no parágrafo anterior, aliás, é deliberado: *ele*, neste caso, não quer dizer "ele ou ela" (ou "ele e ela") pois, historicamente, homens e mulheres parecem ter vindo a Florença procurando coisas diferentes e, ao partir (se é que partiram), também parecem ter levado diferentes coisas. Tomemos o exemplo dos Lawrences, David e Frieda, passeando por aqui logo depois da Grande Guerra. Descrevendo a Piazza della Signoria em seu romance *Aaron's rod*, de 1922, o herói de Lawrence observa que ela está "cheia de homens: tudo, tudo homem... e só homem! Homens! Uma cidade de homens, apesar de tudo". Ele oferece um hino whitmaniano ao *Davi*, "branco e nu no molhado, branco no escuro, escuro e quente paredão do edifício — e nas proximidades, os pesados homens nus de Bandinelli...".

Como seria de esperar, Frieda teve uma outra visão das coisas; embora concordando com o marido sobre Florença ser "uma cidade de homens" (Mary McCarthy chamou-a de "cidade viril"), também reclamou que ela lhe parecia "*Cranford* [romance de Mrs. Gaskell], só que um *Cranford* masculino. E a maldade ali era como o secreto júbilo de velhas empregadas com a maldade. A corrupção não me interessa nem me espanta. Me chateia".

A chatice, que persiste até hoje, é o antônimo do desejo pateriano e com freqüência provoca virulência e queixas, sobretudo naqueles jantares de expatriados onde não se ouve sotaque italiano e o assunto da conversa é, inevitavelmente, a ineficácia italiana, a burocracia italiana, a inflexibilidade italiana... tudo, até certo ponto, compreensível, visto que a negociação com uma cultura tão elaborada e tão ligada à tradição como a italiana pode ser frustrante, e sentimos um conforto natural com a comiseração de nossos conterrâneos. E, no entanto, há sempre nesses jantares um momento em que me dá vontade de erguer as mãos e dizer: "Mas se vocês odeiam tanto isso aqui, por que, então, não vão embora?".

O mesmo acontecia no final do século XIX, quando Florença tinha a reputação (difundida por seus residentes ingleses) de ser, nas palavras de Walter Savage Landor, "a mais imunda capital da Europa". Nazar Litrov, um criado que acompanhou Tchaikovski a Florença em 1890, observou em seu diário que "junto a quase todos os edifícios pode-se urinar na rua sem cerimônia, as mulheres e as moças não prestam a mínima atenção...". O tom de Litrov é saudavelmente não-judicativo; por outro lado, o pintor inglês William Holmam Hunt expressou, ao mesmo tempo, repugnância e indignação com os "fedores" da cidade:

> Que pensar de um rapaz de quinze ou dezesseis anos, no ardente sol da uma hora, em um domingo, digamos em Kensington Gore, baixando as calças para uma necessidade que ele faz enquanto continua o jogo de cara ou coroa com seis ou sete companheiros, alguns dois anos mais velhos, que formam um círculo de duas ou três jardas ao redor dele. Depois vem um senhor idoso, da maior respeitabilidade... atravessando a rua na coluna do duque de York e baixa as calças pretas com o mesmo objetivo.

O recurso retórico de transportar a cena ofensiva para o país natal levanta a questão de por que Holman Hunt e outros 30 mil ingleses viviam em Florença. Também (e eu, como escritor homossexual, me sinto obrigado a observar) quando os rapazes baixavam as calças na rua, na Piazza della Signoria ou em Kensington Gore, era normalmente para algo muito diferente do que Holman Hunt sugere. A liberalidade florentina deve ter servido aos ingleses em um aspecto fundamental, caso contrário não teriam vindo em tão grande número.

Sem dúvida, a voz mais arrogante e chauvinista do final do século XIX foi a de John Ruskin, para quem a instalação de uma parada de ônibus junto à torre do sino deu motivo para uma invectiva contra o que ele considerava a incompetente custódia dos tesouros de Florença por parte da cidade. Entre outras coisas, Ruskin lamentava que "os coches de aluguel, com seu lixo mais ou menos campestre de feno ocasional e o cheiro de excrementos de cavalo de diferentes procedências" tornava "impossível ficar um momento sequer próximo ao Campanile... nenhuma alma em Florença jamais se preocupando em ver as obras de seus antigos artistas". Era provavelmente em Ruskin que o jovem Henry James pensava quando, em 1870, abordou "a tão terrivelmente atual questão florentina... um campo de batalha, hoje, em muitos periódicos, com toda a Itália puxando para um lado e toda a Inglaterra, os Estados Unidos e a Alemanha, puxando para o outro...".

> A pequena cidade-tesouro é, se é que houve outra igual, um caso delicado — mais delicado talvez que qualquer outro no mundo, a não ser que decidamos convencer os italianos de que

não podem fazer o que querem com o que é deles. E eles podem tanto que não vejo um final feliz para esta luta. Será preciso mais tato do que nossos talentos diplomáticos combinados conseguem reunir para convencê-los de que o que é deles é, por uma lógica engenhosa, muito mais *nosso*.

Mesmo concordando com Ruskin que "um ponto de táxi é uma coisa feia e suja, e a Torre de Giotto não tem nada a ver com essas comodidades", ele pensava que "discórdia por discórdia, não há muito o que escolher entre a inconveniência do mau humor pessoal do autor e a incongruência de baldes e fardos de feno".

O que mais perturbava James em relação ao "insidioso e insano" panfleto de Ruskin, no entanto, era sua preocupação com a idéia de erro. "Uma trégua para toda rigidez está na lei do lugar", anotou, em um momento pateriano. "As diferenças aqui não constituem iniqüidade e retidão; são simplesmente variações de temperamento, espécies de curiosidade." Para James, Ruskin é um tipo de diácono ou mestre-escola puritano, um precursor do reverendo Eager, de Forster, conduzindo seu rebanho a uma excursão teológica e histórico-artística pela cidade. "Nada, de fato, é mais cômico", observou James, "que a aspereza familiar do estilo do autor e seu modo pedagógico de empurrar e puxar seus infelizes alunos, sacudindo as cabeças deles em direção à sua, fazendo sermão, obrigando-os a ficar parados nas esquinas e dando-lhes textos das Escrituras para copiar."

Este é o reverendo Eager sem tirar nem pôr: o que ele quer ensinar a seus paroquianos é "como venerar Giotto, não por avaliações táteis, mas pelos critérios do espírito". Para o reverendo Eager, a importância de Santa Croce não está em sua beleza inerente, nem em seu status de "panteão" de ilustres mortos florentinos (Maquiavel, Michelangelo, Rossini), mas no fato de que ela foi "construída pela fé em pleno fervor do medievalismo, antes que aparecesse qualquer depravação do Renascimento". Neste sentido, ele exemplifica a tendência inglesa de exaltar o que Pater chamou de "força rude" da Idade Média em detrimento das corruptoras inovações renascentistas. A estética, para Forster, codifica a política, e, por trás dos tediosos encômios a Giotto do reverendo Eager, ouve-se o deputado Henry Labouchère vergastando "a insuficiência da mais severa sentença que a lei permite" no caso de Oscar Wilde. Ouvem-se também os críticos e clérigos que atacaram *The Renaissance*, de Pater, quando de sua publicação, acusando o autor de imoralidade e anti-religiosidade e de conduzir "mentes mais fracas que a sua" ao antro do pecado. Mesmo uma mente refinada como George Eliot repudiou o livro como "bastante pernicioso em seus falsos princípios de crítica e falsa concepção da vida", e Pater, em um gesto de covarde retratação, retirou a famosa "Conclusion" da segunda edição, restaurando-a apenas em 1888. (Ele ficara preocupado, afirmou, que "ela pudesse confundir alguns dos jovens em cujas mãos fosse parar. No conjunto, pensei que era melhor republicá-la aqui, com algumas leves mudanças que a aproximam mais de minha intenção original".)

O perigo de *The Renaissance*, na opinião de seus críticos, está no fato de Pater advogar a experiência sensória, o que, para o reverendo John Wordsworth, entre outros, sugeria "que nenhum princípio estabelecido de religião ou moralidade pode ser visto como infalível, que a única coisa que vale a pena viver é o deleite do momento e que, provável ou certamente, com a morte a alma se desfaz em elementos fadados a nunca mais se juntarem". De fato, Pater tinha pouco interesse pela vida após a morte; sua preocupação primeira era com a própria apreensão, como indica seu credo: "Não o fruto da experiência, mas a experiência em si, é o fim". Em contraste, progresso, expansão e Império eram as palavras de ordem dos vitorianos, de quem ele parece estar falando quando observou que na Idade Média "a repressão do sensual, o cerrar a porta a ele, o interesse ascético, já é visível".

Foi contra o credo vitoriano de autodisciplina e autonegação que Pater, conscientemente ou não, travou batalha em *The Renaissance*, não de forma direta, mas pela exaltação do oposto: "Toda excitação dos sentidos, tinturas estranhas, cores estranhas e curiosos odores, ou a obra das mãos do artista, ou a face de um amigo". Ele se refere favoravelmente ao jogo, "a inesperada bênção do que pode parecer nossa menos importante parte do tempo; não apenas porque brincar é, em muitos sentidos, aquilo em que as pessoas aplicam suas melhores aptidões, mas também porque, estando nesses momentos relaxada a tensão de nossa atenção servil e cotidiana, as forças mais felizes nas coisas alheias obtêm passagem livre e nos ganham".

Pater não se furta, como indica esta passagem, a uma linguagem explicitamente erótica, ainda que evite, em *The Renaissance*, qualquer menção direta ao sexo. Mas a língua se ocupa disso, de modo que quando ele, em sua frase mais famosa, descreve o sucesso na vida como "queimar com essa chama dura, em forma de gema, para manter esse êxtase", acaba exprimindo frustrações mais explícitas do que costumamos ver como definidoras de sua época. Uma época ousada anseia por gestos espetaculares, mas naquele tempo a mera evocação de Davi e Jônatas ou "os gregos" — ou mesmo a simples menção da palavra "helênico" — despertava a possibilidade de uma vida livre dos punitivos rigores vitorianos. Em conseqüência, o termo "estética" começou a adquirir conotações impudentes ou impróprias. Em 1903, Rollo St. Clair Talboys, tutor de Ronald Firbank, temia que seu pupilo caísse presa "do culto da orquídea púrpura" e se tornasse "um mundano parisiense da escola dos Goncourt... um escravo dos sentidos — um bon vivant emotivo até o último trêmulo. Firbank caiu, e o que é pior ainda: em seus últimos escritos vemos as idéias de Pater, não em plena floração, mas naquele estágio em que as pétalas começam a murchar e o aroma estonteantemente adamascado cede lugar a algo podre adocicado cheirando a estrume.

Voltaremos a Firbank mais tarde. Examinemos agora outro escritor inglês que se estabeleceu em Florença, a romancista Louisa Ramé, mais conhecida como Ouida.

Nascida em 1839 na cidadezinha de Bury St. Edmunds, de pai francês e mãe inglesa, Ouida começou a escrever cedo, adotando como *nom de plume* uma má pronúncia infantil de seu próprio nome. Dinheiro e fama chegaram cedo para ela, em parte devido à rapidez com que desovava seus empolados romances semiliterários, que levavam títulos como *Granville de Vigne*, *Idalia*, *Pascarel*, *In Maremma*, *Two little wooden shoes* e *A dog of Flanders* (ela adorava cães). Nem elegante nem bonita, Ouida levava, contudo, uma vida cara e extravagante, comprando a maioria de suas roupas na Worth e dando festas em seu apartamento no Langham Hotel, em Londres. Ela se achava ousada; nessas festas, punha às vezes um letreiro com os dizeres: "Favor deixar a moral e o guarda-chuva na entrada". No início da década de 1870 — em parte, ao menos, por estar com bronquite —, ela se mudou para Florença com a mãe, alugando a Villa Farinola em Scandicci (hoje ela poderia tomar o bonde para o centro), e se jogou de corpo e alma na vida social da colônia anglo-florentina, que, naquele tempo, já tinha trinta anos de existência. Embora os escritores ingleses — entre eles John Evelyn, Milton, Boswell, Byron e os Shelleys — já viajassem havia séculos para Florença, a comunidade como tal se constituiu na década de 1840, quando Fanny Trollope estabeleceu a primeira dinastia anglo-florentina (e o primeiro salão literário) na Villino Trollope, situada na Piazza Maria Antonia (hoje Piazza dell'Independenza). Seu filho Thomas continuou a tradição, primeiro na Villino e mais tarde na Villa Ricorboli, passada a Porta San Niccolò. Então chegaram os Brownings, estabelecendo-se na Casa Guidi, perto do Palazzo Pitti; nessa época Florença começava a ficar conhecida como refúgio de intelectuais expatriados. Em 1855, os irmãos Goncourt, Jules e Edmond, chamaram a cidade de "*ville toute anglaise*, onde os palácios têm a mesma triste cor preta da cidade de Londres e onde tudo parece sorrir aos ingleses...". Quando Ouida chegou (tinha 32 anos), 30 mil dos 200 mil habitantes de Florença eram ingleses ou americanos.

Ouida parece ter decidido que uma de suas prioridades florentinas era se apaixonar. Como pretendente, escolheu o Marchese della Stufa, que vivia não longe dela, em Scandicci, em uma casa chamada Castagnolo. O solteiro Marchese era um rebento da velha aristocracia florentina, fidalgo do rei Umberto e proprietário de terras, e tratava de suas ocupações agrícolas e de sua vida social com a maior seriedade. Alguns anos antes, com um inglês chamado dr. Clement, viajara para a Birmânia a fim de investigar a possibilidade de construir uma ferrovia de Mandalay a Rangun, mas o projeto deu em nada e ele voltou a Florença, onde se pôs a fazer companhia não apenas a Ouida, mas também àquela que viria a ser a rival dela, Janet Ross.

Muito se escreveu, ao longo dos anos, sobre Janet Ross e, do que li, adquiri uma profunda aversão por essa mulher. Sem dúvida, era mais esperta e inteligente que Ouida, mas odiava cães e parece ter cultivado com entusiasmo a reputação de ser uma pessoa "terrível". Mesmo sua filha, Lina Waterfield, e sua neta, Kinta Beevor — ambas escreveram memórias da vida anglo-florentina — dão a impressão de tê-la achado má e intimidante. Ela própria autora de muitos livros, entre eles *Old Florence and modern Tuscany* e *Leaves from our Toscan kitchen*, de 1899 (um dos primeiros livros de culinária italiana publicados na Inglaterra e que — se as instruções para cozinhar espaguete "por cerca de vinte minutos" podem ser tomadas como exemplo — muito desorientou o paladar vitoriano; ou então as massas eram consideravelmente mais espessas naquela época), a sra. Ross manteve uma corte de admiradores, primeiro em Castagnolo, que alugou do Marchese, depois em Poggio Gherardo, perto de Settignano, uma das *villas* em que os contadores de histórias se reúnem no *Decamero*, de Boccaccio. Aqui ela destilava um famoso vermute, segundo uma receita secreta supostamente transmitida pelo último dos Medicis, e o vendia nas lojas do Exército e da Marinha em Londres. Seu marido, Henry Ross, era banqueiro, mas ela parece ter tido pouco a ver com ele e, pelo menos com propósitos sociais, procurava a companhia de seu senhorio. Então, como agora, mulheres da colônia cujos esposos não gostavam muito de sair tinham que se contentar com *walkers* [bajuladores] homossexuais — uma versão do *cicisbeo* florentino —, e esse, muito provavelmente, era o tipo de relação que a sra. Ross mantinha com o Marchese quando Ouida decidiu se meter no assunto.

Pobre Ouida! Simplesmente não percebeu nada. Embora se considerasse avançada, até atrevida, em comparação com os anglo-florentinos, ela era uma ingênua. Quando o Marchese lhe recusou o pedido de cortar sua amizade com a sra. Ross como prova de fidelidade a ela, Ouida imaginou que os dois estavam tendo um caso e, num ato de *vendetta*, rapidamente escreveu *Friendship*, um reles *roman à clef*, no qual representa o Marchese como o garboso príncipe Ioris, ela própria como Étoile, a ingênua tuberculosa, e a sra. Ross como a geniosa *mondaine* Lady Joan Challoner, que chantageia o príncipe bonachão a fim de garantir sua fidelidade. Para evitar um processo, Ouida também transpôs Florença para Roma, com a plana *campagna* representando mal o papel da região campestre em torno de Scandicci.

A sra. Ross ficou furiosa. Logo correram boatos de que tentara chicotear Ouida na Via Tornabuoni e de que Ouida atirara nela em sua mansão. Nada disso tem fundamento; o certo é que a sra. Ross guardou um rancor incurável do episódio e, segundo contam, continuava a manter um volume de *Friendship* no banheiro, para ser usado como papel higiênico, anos depois da morte de Ouida em Viareggio, pobre e esquecida, tendo passado fome para alimentar seus muitos cachorros.

Ouida é típica da espécie de mediocridade que Florença atraiu nos últimos tempos. Melhores escritores (Forster, James) chegaram cedo e partiram, ou chegaram quando já eram famosos (Browning, Landor). Embora Aldous Huxley tivesse gostado de Florença em um primeiro momento, seu entusiasmo logo esfriou e ele resolveu se mudar com a família para Roma. (Em uma carta ao irmão, escreveu: "Depois desta cidade provinciana de terceira categoria, colonizada por sodomitas ingleses e lésbicas de meia-idade, que, afinal de contas, é o que Florença é, uma metrópole genuína será vivificante".) Em *Viagem à Itália*, Goethe praticamente ignora Florença, notando apenas que:

> Atravessei a cidade às pressas, a catedral, o batistério. Para mim, abre-se aqui, mais uma vez, um mundo inteiramente novo e desconhecido, no qual não desejo me deter. A localização do jardim Boboli é preciosa. Saí da cidade tão depressa quanto havia entrado.

Embora Goethe em nenhum momento explicite o que o levou a deixar Florença tão precipitadamente, um evidente ar de desconforto paira sobre esse parágrafo. E ele não é o único escritor cujos poderes descritivos foram pulverizados pelos aspectos sombrios da cidade. Até Henry James ficou sem palavras, atribuindo a Florença "uma espécie de grave alegria — uma harmonia de altos tons — que eu mal saberia descrever". Muitos anos depois, Firbank chamou Florença de "cidade um tanto sinistra" e, pela voz da condessa Yvorra em *The flower beneath the foot*, implicitamente ridicularizou a vista do rio pela qual suspira Lucy Honeychurch:

> Ah, e Florença, também, sinto dizer, achei bem pior do que devia ser!!! Minha janela dava para o Arno e eu podia, portanto, *observar*... E eu via sempre coisas muito curiosas! Não vou ferir seus ouvidos, meu Inocente, com o inventário de metade da licenciosidade que acontecia ali; basta dizer que o tom da praça me fez fugir para Roma, onde, à sombra do querido são Pedro, eu, aos poucos, fui ficando menos aflita.

A última frase pode ser também uma leve alfinetada em *A room with a view*, pois, no romance, Charlotte Bartlett, para salvar Lucy da influência predatória de George Emerson, foge com a jovem para Roma. Nos dois livros, Roma — a capital em que a piedade católica, tão constrangidamente, divide o leito com o esplendor pagão — aparece como um antídoto à permissividade florentina, um lugar para se curar e obter perdão. Mas o remédio não funciona em nenhum dos casos e, nas palavras de Forster, "a companhia que é meramente incompatível no mundo medieval torna-se exasperante no mundo clássico". Florença, com suas ruelas escuras, seu culto da morte e seus segredos sexuais, conquista não apenas Lucy, mas também Isabel Archer, cuja sedução toscana só conduz ao fracasso o casamento romano que está no centro de *The portrait of a lady*.

Quanto aos escritores que ficaram na cidade, escreveram sobretudo a respeito de Florença e de si mesmos: guias de viagem literários, história da arte, história, *romans à clef* e, claro, memórias intermináveis. Jardinagem e fofoca são os ingredientes clássicos do livro de memórias anglo-florentino, que em geral descamba, em determinado momento, numa lista dos famosos com quem se conviveu e conversou. Assim, Acton escreve em suas *Memoirs of an aesthete*:

> Em Florença havia uma pletora de escritores e se estava fadado a encontrá-los na Via Tornabuoni; D. H. Lawrence com sua *Frau* à la Rubens e sua sacola depois da feira; Norman Douglas mascando um *Toscano*; Ronald Firbank saltitando em uma floricultura; Aldous Huxley dizendo que em Florença "toda paisagem agrada, mas só o homem é vil"; Scott Moncrieff, que manteve uma ofensiva burlesca contra os Sitwells em *The new*

> *witness*, jantando no Betti, fazendo fofoca na livraria de Orioli, bebendo vermute no Casone; era impossível evitar esses locais na cidade...

A prosa de Acton é e não é uma listagem, tão árida como o mundo que pretende retratar. Se ele era o escriba de Florença na década de 1920, era também seu avatar, promovendo a cidade, no outro lado do canal, como um shelleyano "paraíso de exilados". Assim, quando ao jovem Evelyn Waugh (namorado de Acton em Oxford) foi oferecida a oportunidade de se tornar secretário de Scott Moncrieff, ele mergulhou num devaneio em que estava "bebendo Chianti debaixo de oliveiras e ouvindo discussões dos marginais mais perversos da Europa". (No final, o emprego não deu certo.) Da mesma forma, a jovem Jocelyn Brooke, no texto memorialístico "Miss Wimpole", publicado em *Private view*, descreveu uma colônia similar de maneira inexata, pelo menos para os que tinham voltado para a Inglaterra:

> Insinuações escusas eram feitas sub-repticiamente, à boca pequena: a sra. Fulana de Tal, parece, encontrara o sr. Watkins em Florença, e *diziam* que... Ah, isso era um tipo de conversa comum na colônia inglesa... A pobre mulher realmente admitira o fato, abertamente... E a coitada da srta. Shute — tão talentosa — sentimos tanta pena dela... Oh, não, sem dúvida — a sra. Bellingham realmente a *viu* saindo do Red

Lion... Que pena — mas, claro, depois daquilo, como poderíamos recebê-la em casa?

A realidade era bem mais morna. Embora não faltassem rixas, elas estavam mais no nível das pequenas disputas do que do drama shakespeariano. (Um exemplo é a longa rixa entre Vernon Lee e Berenson, depois que o segundo acusou a primeira de plágio.) A boêmia dos anglo-florentinos era, ademais, de uma variedade distinta. Na Inglaterra eles viviam sob ameaça de ostracismo social e até de prisão. Na Itália, estavam livres do perigo, mas em vez de vibrar com a liberdade criaram para si mesmos uma sociedade tão artificial quanto o "castelo em miniatura" construído por Lord Richard Vermont no poema "Milordo inglese", de Osbert Sitwell, repleto de intrigas palacianas pequenas. (Voltaremos aos poemas de Sitwell mais adiante. Por ora, basta dizer que exalam um odor de louca exaustão — como a de crianças resistindo ao crepúsculo que interromperá suas brincadeiras.)

No fim das contas, o que distinguia a comunidade era menos a iniqüidade do que a pequena malvadeza. Resenhando *Friendship* na revista *The Atlantic Monthly*, Harriet Waters Preston se queixava da colônia e seu caráter "frívolo e irresponsável, sua mesquinhez moral e pecuniária, sua abjeta subserviência à hierarquia social e sua praga de bajuladores e bisbilhoteiros parasitas...". A própria excentricidade começou a cansar. "Havia um certo Marchese Fioravanti, um anglófilo exaltado, que dava festas nas quais os convidados dançavam *reels* escocesas", escreve Caroline Moorehead em sua bela biografia da escritora Iris Origo. O Marchese também tinha um crocodilo de estimação em um tanque, "amarrado de forma a não poder escapar, e que era levado à cave numa padiola por quatro homens quando dava sinais de querer hibernar". Quando o crocodilo morreu, o Marchese "mandou realizar um funeral em sua honra, não sem suspeitar de que sua mãe fora a responsável pelo assassinato".

John Singer Sargent, embora nascido em Florença, disse a Acton que não conseguia pintar na cidade. "O artista criativo, em busca da auto-expressão, deve acabar oprimido por tanta beleza", escreveu Acton (que sabia), "sob o peso, como Atlas, de todo o mundo artístico em suas costas. Onde o gosto é uniformemente refinado, onde se está cercado de obras-primas, perde-se a iniciativa em uma aura de admiração. Todos os nossos esforços parecem pequenos. A gente se pergunta: qual o sentido?"

Por outro lado, em tal atmosfera o diletante floresce; como observou Acton sobre a geração de seus pais, "eles escreviam, pintavam, compunham, colecionavam...". Quando Mary McCarthy chegou a Florença no final da década de 1950, demonstrou pouca paciência com a colônia estrangeira da cidade, censurando-a pela "falsa idéia de Florença... uma idéia fabricada de Florença como um lugar preferido do Velho Mundo. Solteirões dos dois sexos — bibliotecários aposentados, governantas, senhoras de renda reduzida, cavalheiros pintores, cavalheiros escultores, cavalheiros poetas, amadores anêmicos e diletantes de todo tipo — "se apaixonaram" por Florença e fizeram dela seu lar.

Para McCarthy, o coronel G. F. Young, autonomeado defensor dos Medicis e autor de um "enfático 'clássico', muitas vezes reeditado, com a tese de que os Medicis têm sido mal apresentados pelos historiadores democráticos", é um típico representante dos visitantes anglo-americanos que "expropriaram Florença, ocupando mansões em Fiesole ou Bellosguardo, investigando as flores silvestres da Toscana, recolhendo histórias de fantasmas, colecionando trípticos e dípticos, enterrando seus cachorros no cemitério da igreja Protestante Episcopal, em geral sem conhecer nenhum florentino além de seus empregados.

Não admira que o historiador da arte John Pope-Hennessy, em seus últimos anos, se queixasse de sua "cáustica máquina de escrever"! Seu ataque aos anglo-florentinos é típico da extrema dureza que caracteriza *The stones of Florence*, de Mary McCarthy; se Acton, em suas *Memoirs of an aesthete*, é o insider consumado, McCarthy é a outsider consumada, disposta a reivindicar a cidade, cercando-a. Mas, ainda assim, o efeito geral de seu livro é deixar o leitor com a sensação de que ela não gostava muito da cidade que tomou como tema, e isso pode se dever — como aponta sua biógrafa, Frances Kiernan — ao fato de que a cidade, em geral, não gostava muito dela. Berenson fazia pilhérias sobre McCarthy, e seu guia, Roberto Papi, não foi o *cavaliere servente* que ela esperava. Como disse Cristina Rucellai a Kiernan, "ela não podia ser positiva porque sua experiência não foi positiva". *The stones of Florence*, com todo o seu brilho e inteligência, é, afinal de contas, o *cri de coeur* de mais uma turista que se sentia excluída.

Dito isso, um toque de insegura fanfarronice americana pode ser exatamente o que é preciso para liquidar décadas de hipocrisia, e devemos agradecer a McCarthy por ter a coragem de chamar a colônia estrangeira de Florença de "livresca, sintética, exuberante, insular, refinada e, sobretudo, proprietária". Quando ela se queixa do "amor doentio" que leva os residentes estrangeiros a falar de "nossa Florença" ou de "minha Florença", repete James em sua diatribe contra Ruskin um século antes. O quer que seja Florença, pensa McCarthy, não é "um pedacinho querido do Velho Mundo. Florença nunca foi isso, em nenhum momento de sua existência".

Podemos imaginar qual teria sido sua reação aos jardins ingleses que eram motivo de tanto orgulho para os primeiros anglo-florentinos, nos quais, observa Moorehead, oliveiras e vinhedos "foram substituídos por gramados e vetustas árvores frondosas, canteiros ganharam íris, açafrões, peônias e narcisos, ervas daninhas foram eliminadas e altos terraços de pedra foram cobertos com rosas: Banksias, 'Irene Watts' e 'Madame Metral'".

Segundo James Lord, quando o pai de Harold Acton, Arthur, comprou a Villa La Pietra (assim chamada por causa de um pilar de pedra indicando a distância de uma milha do velho portão da cidade), sua primeira tarefa foi restaurar os jardins, que haviam sido anglicizados no século XIX. Como Edith Wharton (autora da frase), Acton Senior desdenhava "o amor às flores", preferindo jardins que reinterpretavam a tradição renascentista. O jardim renascentista italiano era uma narrativa, cujos elementos — fontes, cerca viva e estatuaria — contribuíam para elaborar um tema: a Villa d'Este em Tivoli, por exemplo, descrevia os trabalhos de Hércules, enquanto a Villa Lante, em Bagnaia, construída para o cardeal Gambara, bispo de Viterbo, jogava com a similaridade entre seu nome e a palavra que designa caranguejo (*gambero*), incorporando motivos de caranguejo no desenho. *Giochi d'acqua* — fontes secretas de esguicho que encharcavam as pernas de visitantes desprevenidos — eram um traço comum nesses jardins, assim como as correntes de água morro abaixo, órgãos de música aquáticos, "mesas de água", nas quais os pratos flutuavam durante as refeições servidas *al fresco*, e estátuas de monstros, como a famosa *Appennino*, de Giambologna, na Villa Demidoff, em Pratolino, acima de Florença. O verdadeiro ethos do jardim renascentista era posto em uma categoria diferente da do jardim inglês, cujo criador, em Florença, tinha de enfrentar não só a tradição italiana, como um clima e um solo que não poderiam ser mais refratários às importações britânicas. *In a Tuscan garden*, livro de memórias de Georgina Grahame, de 1902, exala justamente esse diletantismo patrioteiro que deixava McCarthy (e Wharton) exasperada. Essas memórias cheiram a colonialismo — óleo canforado através do qual o renitente perfume de alho, manjericão e tomates, colocado em uma tigela de óleo de oliva para suar em uma tarde de verão, penetra continuamente.

A comida também era um problema para os anglo-florentinos. Curiosamente, muitos ingleses que se transferiram para Florença na virada do século nutriam desconfiança e desprezo pela cozinha italiana. O macarrão — os "deliciosos vermes escorregadios" de Forster — apavorava-os, por desafiar anos de treino em comer educadamente. Embora *Leaves from our Tuscan kitchen*, de Janet Ross, pareça estranhamente fora de moda hoje em dia, sua ênfase nas verduras tornou-o, na carnívora Inglaterra do final do século XIX, quase que um texto subversivo. Já em 1614, Giacomo Castelvetro, um veneziano exilado na Inglaterra, queixava-se de certa grosseria inglesa em matéria de saladas: "Vocês, ingleses, são ainda piores [que 'os alemães e outras nações rudes']", escreveu;

depois de lavar a salada Deus sabe como, vocês colocam vinagre, primeiro no prato, em quantidade suficiente para lavar os pés de Morgante, e servem-na, sem misturar, sem sal e sem óleo, que se supõe serão acrescentados à mesa. Mas algumas das folhas estão tão saturadas de vinagre que não absorvem o óleo e o resto permanece sem tempero, prestando apenas para os porcos.

Em contraste, os toscanos sempre foram grandes consumidores de verduras: abobrinha, espinafre, rúcula e o famoso "repolho roxo" que é a base da sopa florentina conhecida como *ribollita*. Segundo Castelvetro, a importância central das verduras na dieta italiana deve-se em parte ao fato de que a "Itália, ainda que bela, não é tão bem provida de carne como a França ou esta fértil ilha, de modo que nos encarregamos de encontrar outros meios de alimentar nossa excessiva população". A outra razão evocada é que "o calor, que persiste quase nove meses por ano, tem como efeito tornar a carne um tanto repulsiva, especialmente a carne de vaca, que nessa temperatura não se consegue nem olhar, quanto menos comer".

Se a Florença atual é tão famosa por seus enormes bifes (*bistecche alla fiorentina*) e costelas de porco assado (*arista*, substantitvo derivado, segundo Norman Douglas, da palavra grega para "excelente") quanto por suas verduras, isso se deve em grande parte à refrigeração. E, apesar disso, as verduras ainda constituem o essencial da dieta florentina: chicória *sautée* com pimenta e alho, feijão branco servido a temperatura ambiente com óleo de oliva fresco e pimentão, talos de alcachofra (*cardi*) assados com queijo em molho branco, para não mencionar as famosas sopas da cidade: *pappa al pomodoro*, uma simples sopa de tomate engrossada com pão, e *ribollita* — literalmente, "recozida", pois o prato era tradicionalmente preparado com os restos da refeição anterior. Uma boa *ribollita* é feita com feijão, cenoura, cebola, repolho, pimentão vermelho e folhas de repolho roxo toscano, tudo engrossado, como na *pappa al pomodoro*, com pão amanhecido e sem sal. Tão mítica é esta sopa que, na Cocco Lezzone, uma *trattoria* que dizem ser a preferida do príncipe Charles, uma nota no topo do cardápio adverte que "o barulho do celular pode interferir na preparação da *ribollita*".

Evidentemente, poucos dos primeiros anglo-florentinos tomavam *ribollita* ou comiam qualquer outro prato italiano: ao contrário, dependiam de lojas britânicas para provê-los dos ingredientes necessários que os aproximavam da comida da pátria. Na casa de Lord Acton, o lauto chá era a diversão social de costume, com seus famosos sanduíches finos. Ainda hoje, chá Twining, biscoito amanteigado Walker e Marmite são itens facilmente encontráveis em Florença, pois os comerciantes exploram a saudade de casa dos expatriados ingleses — uma saudade que, às vezes, beira a xenofobia.

Sua atitude em relação aos cães também trouxe conflito

com os italianos, que, mesmo hoje, tendem a tratar seus cachorros menos como animais de estimação do que como bestas de carga. De fato, os anglo-florentinos são provavelmente os responsáveis pela introdução da idéia de *cane di compania* ("o cão de companhia") na Itália. Lady Paget, mãe de Vernon Lee, afirmava ter se estabelecido em Florença porque as leis britânicas de quarentena não lhe permitiam levar seu amado Dachshund de volta para a Inglaterra. (Ela também fabricava seus próprios sapatos.) Ouida tinha dezenas de cachorros, aos quais, segundo dizem, servia lagostas, petits-fours e creme em xícaras de Capodimonte. Outra versão de sua rixa com Janet Ross, dada por Moorehead, põe os cachorros no centro do conflito; depois de um deles morder seu filho, Ross puniu o animal, provocando a retaliação de Ouida, que apresenta Lady Joan Challoner como uma pessoa que odeia cachorros.

Florença continua, para os padrões italianos, uma cidade bastante tolerante com os cães. Quando vivíamos aqui, deparávamos freqüentemente com uma louca que vestia um casaco branco por cima da camisola e podia ser vista toda manhã e toda noite na Piazza della Signoria, passeando com quatro cachorros puxados por quatro guias: vira-latas pequenos e nervosos, um preto, um malhado, um da cor de lençol encardido e um cor-de-rosa, de focinho também cor-de-rosa e queixudo. A todo passante que acariciava a cabeça dos animais, ou mesmo sorria para eles, a mulher tentava dá-los de presente, embora nunca pareça ter encontrado um interessado. Ela continuava a puxá-los por um momento e depois, repentinamente, soltava-os; aos pulos, eles se espalhavam pela praça como os dedos de uma mão espalmada, acionando alguma memória da raça — na qual brincavam com leopardos cujas manchas formavam diminutas *fleurs-de-lis* e passavam entre as pernas dos cavaleiros (uma púrpura, outra branca) — e urinavam nas árvores, cujas folhas formavam fileiras superpostas, como as fileiras das placas de metal que exibem pedaços de coco nos bares das estações italianas, umedecidas por gotas de água. Esses furiosos cãezinhos, que têm sido criados em Florença desde sua fundação, podem ser encontrados nos afrescos de Benozzo Gozzoli, no Palazzo Medici-Riccardi, como também em inúmeras Anunciações, Últimas Ceias e cenas de batalha. Foram os ingleses, entretanto, que os adotaram. Talvez a mulher louca seja, de fato, o fantasma de Ouida.

Por que Florença? Por que não, por exemplo, Paris, Nova York, Berlim, Nápoles, Viena? A resposta autolaudatória (e que coloca os anglo-florentinos sob uma luz favorável) é, novamente, a de que eles vieram pela arte. Uma postura de ascetismo eruditamente rigoroso parece ter sido crucial para a imagem que queriam promover de si mesmos, algo que Forster capta perfeitamente quando mostra o reverendo Eager descrevendo para Lucy os moradores das mansões que avistam ao se dirigirem às colinas. "Lady Helen Laverstock se ocupa atualmente de Fra Angelico", diz. "Menciono o nome dela porque estamos passando por sua *villa*, que está à esquerda. Não, você só consegue enxergar se ficar de pé — não, não fique de pé; você pode cair." Outro residente escreveu monografias para a série "Medieval byways". E outro está "trabalhando em Gemisthus Pletho". Fiel à fama, Harold Acton traduziu *Gian Gastone* e Vernon Lee escreveu algo chamado *Euphorion; being studies of the antique and medieval in the Renaissance*. Esses trabalhos cumpriram a função de dar aos compatriotas que ficaram no país natal a impressão de que seus autores tinham uma razão para estar em Florença. Também desviaram a atenção do verdadeiro motivo pelo qual tantos se fixaram aqui: até a década de 1970 Florença era surpreendentemente, pode-se dizer até escandalosamente, barata. "As *villas* são inúmeras", escreveu James em 1877, a maior parte "oferecida para aluguel (muitas estão à venda) por preços artificialmente baixos; pode-se conseguir uma torre e um jardim, uma capela e uma extensão de trinta janelas por quinhentos dólares anuais." Ele prossegue se perguntando se "parte do aspecto intimidante dessas casas magníficas" não viria de elas "terem sobrevivido à sua função original. Sua extraordinária amplidão e imponência são uma sátira a seu destino atual. Não foram construídas com paredes grossas, vãos profundos nas portas e janelas, escadas sólidas e pedras em excesso simplesmente para proporcionar moradias de inverno econômicas a famílias inglesas e americanas".

Algumas dessas casas foram deixadas para "damas em dificuldade". Orioli lembra uma delas, "uma simpática velha chamada Miss Lade", que vivia sozinha com seu cachorro e "dava bailes à fantasia, coroados por uma ceia que consistia num consomê frio com gosto de tinta. Mesmo idosa, vestia-se sempre à la Carmen nessas ocasiões — suponho que era a única roupa que tinha, e que datava de sua juventude. Um dia ela foi encontrada asfixiada na cama, com o cachorro a seu lado. Tentara consertar um vazamento de gás, sem sucesso".

Embora a maior parte dos residentes da colônia fossem ingleses, havia também um grande número de poloneses, franceses, alemães e russos. Este último grupo causou uma impressão particularmente vívida no jovem Acton, que mais tarde lembraria "sua igreja com as esplêndidas cúpulas perto da Viale Milton..." Grão-duques e duquesas, assim como importantes artistas russos, visitavam a cidade com freqüência. Na década de 1870, o pianista Vladimir de Pachmann, natural de Odessa, estava em Florença, estudando com Vera Kologrivoff Rubio, que era casada com o pintor florentino Luigi Rubio. Em 1890, Tchaikovski compôs a ópera *A dama de espadas* em um quarto de hotel com vista para o Arno. O escritor Mikhail Kuzmin não apenas passou um tempo em Florença, mas ambientou aqui parte de seu romance *Asas*. Em certo ponto ele envia o herói, Vânia, a uma excursão conduzida por um monsenhor toscano, que lhe revela os vários estratos sociais e econômicos da cidade:

> Vânia conheceu *marchesi* arruinados e condes que moravam em palácios dilapidados e brigavam com seus criados por causa de jogos de cartas; conheceu engenheiros e médicos, comerciantes que viviam vidas frugais, reservadas, como seus pais haviam feito antes deles; conheceu jovens compositores que sonhavam com a fama de Puccini, imitando-o com suas gravatas e rostos gordos e sem barba; conheceu o cônsul persa, gordo, solene e afável, que vivia perto de San Miniato com seis sobrinhas; conheceu boticários; conheceu rapazes que eram vagamente descritos como jovens errantes, damas inglesas que tinham se convertido ao catolicismo e, finalmente, Madame Monier, uma dama artística e esteta que vivia em Fiesole com a companhia de hóspedes em uma mansão decorada com encantadoras alegorias da primavera e dispondo de uma vista de Florença e do vale do Arno. Invariavelmente prestativa e eternamente nervosa, ela era pequena, ruiva e horrível.

O relato de Kuzmin, com seu catálogo de "tipos", sua queda pelo ponto-e-vírgula, seu leve odor de um *demimonde* homossexual, é bem característico do período e, ao mesmo tempo, sugere a universalidade de Florença e sua riqueza de personagens. Embora existissem barreiras sociais, para os estrangeiros elas pareciam se desfazer ao contato, de modo que Vânia pôde passar das casas da aristocracia às da classe média e dessas às dos artistas e dos "rapazes errantes" com uma facilidade impensável em seu país. (A imunidade do monsenhor à distinção de classe se deve a seu ofício; o italiano médio não poderia ter feito essa peregrinação.)

Quanto às damas inglesas "que tinham se convertido ao catolicismo", elas podem constituir a presença mais ruidosa. Mesmo antes da invasão, a sociedade florentina, com sua aristocracia tradicional e sua consciência de classe, possuía um espírito claramente inglês, sobretudo quando comparada com a de Roma ou Milão. Como diz Acton, muitas das velhas famílias florentinas tinham "ramificações anglo-saxônicas", o que pode ter atraído os ingleses. "Eles se radicaram entre os vinhedos e se tornaram parte da paisagem", continua. "Suas excentricidades floresceram na clara luz toscana." Em *A Tuscan childhood*, Kinta Beevor, que passou a infância em Florença, afirma que a cidade ofereceu "uma válvula de escape para a rígida formalidade e a falsa deferência da Inglaterra"; mas ela também reproduzia a atmosfera do país natal, no sentido de que a tão elogiada atitude tolerante da região vinha com as mesmas vestes de uma ordem social tão rígida quanto a encontrada na Inglaterra. Assim, em Florença, comerciantes ricos eram obrigados a se dirigir a aristocratas com títulos, mas empobrecidos, usando o formal "Loro". A intrincada etiqueta da correspondência divertia o jovem Forster, que, em *Where angels fear to tread*, descreve uma carta enviada por um jovem toscano a uma pessoa inglesa:

> Gino escreveu em sua língua, mas os advogados enviaram uma trabalhosa tradução, onde "Pregiatissima Signora" foi traduzido como "Most Praiseworthy Madam" [Prezadíssima Senhora] e onde os cumprimentos e superlativos delicados — os superlativos são delicados em italiano — poderiam derrubar um touro.

Mais sensível, talvez, aos matizes de um mundo no qual ele passara apenas umas poucas semanas do que outros que ali viveram toda a vida, Forster admirava a "delicadeza" da sociedade toscana, que sorria ante a fluidez contra a qual a Inglaterra estava erguendo diques naquele momento. O sorriso era tão sutil e tão ambíguo como o da *Mona Lisa*, mas não deixava de ser um sorriso. Em Florença era possível conversar com um conterrâneo expatriado no Doney's ou no La Giocosa, ir a um baile formal no *palazzo* de um Frescobaldi e depois, à meia-noite, passear pela Loggia dei Lanzi, onde os rapazes matavam o tempo, felizes por barganhar sexo por dinheiro ou cigarro. O que não havia era ameaça: nem do chantagista, nem do comissário. Firbank captou perfeitamente a dividida personalidade de Florença em *Sorrow in sunlight*, de 1924, ao descrever a imaginária capital caribenha de Cuna-Cuna:

> Agora, além de Alemeda, no bairro chique de Faranaka, vivia uma senhora influente e rica — a viúva do Inventor do Girassol Picante. O veto de Madame Ruiz, árbitra absoluta da sociedade cuneana e dona, ademais, de considerável parte da cidade, causara, de fato, o suicídio de mais de um arrivista. Infeliz, saudosa, altiva, egoísta, invariavelmente pronta a abandonar Cuna-Cuna para sempre, mas sem se mexer nunca, adorando demasiado sua fantástica mansão, Madame Ruiz, enquanto sonhava com o mundo internacional, consolava-se olhando de longe a sociedade européia em decadência. Amante das artes e consideravelmente musical (muitas aventuras desvairadas da Ópera deviam suas récitas a ela), ela, apesar de sua natureza autocentrada, fizera muito para tornar mais brilhante a charmosa cidade que gostava tanto de denegrir.

Cuna-Cuna é também a cidade na qual "o número de homens jovens inaceitáveis como pretendentes ou solteirões convictos" constitui "uma constante fonte de irritação" para as mães que procuram maridos para as filhas.

A reputação de Florença como foco sodomita tem uma longa história. H. Montgomery Hyde (primo de Henry James) observa que, já nos primeiros anos do século XVIII, uma obra anônima intitulada *Plain reasons for the growth of sodomy in England* culpava "as mulheres pelo crescimento da homossexualidade, e também as roupas de dândi, os costumes continentais, o consumo de chá e a ópera italiana"; o texto mencionava ainda "que a sodomia é considerada algo normal na Itália, pois nem bem um estrangeiro desembarca em Roma, intermediários proxenetas logo lhe perguntam se quer uma mulher ou um rapaz". Um panfleto de 1749, intitulado *Satan's harvest home: or the present state of whorecraft, adultery, fornication, procuring, pimping and sodomy... and other satanic works, daily propagated in this good protestant kingdom*, colocava a questão mais abertamente, chamando a Itália de "mãe e ama-de-leite da sodomia".

Não há dúvida de que essas diatribes tiveram o efeito oposto do que seus autores pretendiam; ao desqualificar a Itália, eles, de fato, tornaram o país ainda mais atraente como residência para os homossexuais ingleses obrigados a fugir da terra natal. Entre outros, George Nassau Clavering-Cowper, terceiro conde Cowper — um príncipe do Sacro Império

Romano e conhecido colecionador de arte, que o jornal *The World* acusou postumamente de ter se dedicado "à prática e ao uso dos vícios mais criminosos e menos viris e orgias" —, passou a maior parte da vida em Florença, onde morreu em 1789. Em 1797, o reverendo John Fenwick, vigário de Byall, fugiu para a França e em seguida para Nápoles depois de ter seu nome em um mandado de prisão, acusando-o de assediar um homem de nome Harper, que tivera de se jogar da janela de uma biblioteca para escapar de suas investidas. Em 1809, George Ferrers, conde de Leicester, deserdado por seu pai depois da revelação de um caso com um garçom chamado Neri (aliás, um nome florentino), fixou residência na Villa Rostan, em Pegli, perto de Gênova. Em 1841, William John Bankes, um parlamentar, acusado anos antes, diz Hydes, de "cometer um ato de indecência com um soldado em um banheiro público junto à abadia de Westminster", fugiu para Veneza depois de ser levado a julgamento uma segunda vez por "expor-se de forma obscena em um parque londrino".

Mesmo antes da adoção do *Code Napoléon** — que, em contraste com a legislação inglesa, caracterizou-se por *não* criminalizar a sodomia —, Florença mostrava uma atitude excepcionalmente permissiva em relação à homossexualidade. A sodomia, se não a homossexualidade em seu sentido moder-

* Código Civil promulgado na França em 1804, sob Napoleão I.

no, fora um traço marcante na vida da cidade desde pelo menos 1300, quando as relações eróticas entre homens e rapazes eram tão predominantes que um tribunal especial, o chamado "Ofício da Noite", fora estabelecido para tratar do assunto. Em *Forbidden friendships: sodomy and male culture in renaissance Florence*, o historiador Michael Rocke descreve uma sociedade na qual o sexo entre homens e rapazes era tolerado desde que o parceiro passivo tivesse menos de dezoito anos. Por outro lado, os homens maduros que faziam o papel passivo eram vistos como monstruosos; eram, com freqüência, executados ou mutilados em público e tinham suas orelhas e narizes cortados. A Ponte Vecchio, então domínio exclusivo de açougueiros (agora é domínio exclusivo de joalheiros), era algo como uma zona de guerra carnal, um corredor no qual os rapazes não se aventuravam por medo de "que lhes roubassem o boné". No início do século XVI, um dicionário alemão definia *Florenzer* como "sodomita" e o verbo *Florenzen* como "sodomizar".

O duplo status da cidade, de capital da grande arte e de refúgio de atitudes sexuais permissivas, tornou-a particularmente tentadora para artistas e estudiosos homossexuais. Um dos primeiros a viajar para Florença foi o historiador da arte alemão Johann Joachim Winckelmann, tema de um longo capítulo em *Studies on the history of the Renaissance*. "No imaginário alemão", observa Pater, "mesmo hoje é possível encontrar traços daquele amor pelo sol, aquele cansaço do norte (*cette fatigue du nord*), que levou os povos setentrionais para o sul." (Muitos anos mais tarde, a jovem Sybille Bedford, cruzando o passo de Brenner, reagiria da mesma forma à "primeira visão de uma manhã de setembro com um céu e uma luz sulinos... com a viva alegria de uma criatura nascida no norte e emergindo dele".) E o que buscavam esses alemães — Winckelmann preeminente entre eles? Arte e amor, "o exercício da visão e do tato", amizades apaixonadas das quais, corajosamente, o erótico não estava excluído. "Conhecia-se antes dele", escreveu Madame de Staël sobre Winckelmann, "homens cultos que podiam ser consultados como livros; mas nenhum fizera, se posso assim dizer, de si mesmo um pagão com o objetivo de penetrar a Antigüidade." Pater acrescenta: "Que esta afinidade com o helenismo não era meramente intelectual, que havia laços sutis de temperamento, é comprovado por suas amizades românticas e fervorosas com rapazes. Ele conhecera, dizia, jovens mais belos que o arcanjo de Guido".

Infelizmente, a última dessas amizades foi fatal; em 1768 Winckelmann resolveu voltar à Alemanha, chegando até Regensberg, quando — saudoso da Itália — abreviou a visita e retornou para o sul. Enquanto aguardava o embarque, em Trieste, enamorou-se de um garçom de café, que o matou e o roubou em seu quarto de hotel. O garçom era florentino e se chamava, ironicamente, Arcangeli.

A primeira edição de *The Renaissance* apareceu em 1873, quando Ouida estava no auge do sucesso e tentava, de forma um tanto inepta, chocar as pessoas no Langham Hotel. Foi um momento tenso na história social inglesa — de um lado, uma crescente ousadia sexual por parte de seus cidadãos e, de outro, o empenho do governo para promulgar leis sobre a sodomia em defesa contra uma suposta decadência continental. Uma das primeiras vítimas da tensão reinante foi Lord Henry Somerset, segundo filho do duque de Beaufort (que inventou o jogo de badminton, nome de sua propriedade rural) e o primeiro dos chamados poetas uranistas. Ex-deputado por Monmouthshire e presidente do Tribunal de Contas de Sua Majestade, Lord Henry fugiu da Inglaterra para Florença no final da década de 1870, depois que sua esposa, Isabel, surpreendeu-o *in flagrante delicto* com um adolescente chamado Harry Smith. Por ter divulgado as razões de sua separação, desafiando assim o código vitoriano de "reticência das mulheres", Lady Isabel foi logo tida como persona non grata na sociedade inglesa. Em seu país natal tornou-se uma pária, enquanto no exterior Lord Henry desfrutava (se é essa a palavra apropriada) de uma estranha fama como exilado; ele é, provavelmente, o "delicado Lord X", a quem Acton se refere como "tendo que fugir da polícia londrina por ser um 'grego nascido fora de época'...". Cerca de dez anos depois, o irmão mais novo de Henry, Arthur, foi também obrigado a fugir para o continente depois de ter sido implicado no famoso escândalo da Cleveland Street, que estourou em julho de 1889, quando a polícia encontrou por acaso um prostíbulo masculino perto de Piccadilly, no qual rapazes do telégrafo atendiam a uma clientela aristocrática. (O neto da rainha Vitória, príncipe Albert Victor, ou "príncipe Eddy", herdeiro presuntivo, era tido como cliente do prostíbulo; certamente freqüentava com assiduidade o Hundred Guineas Club, um lugar de encontros homossexuais onde ele era conhecido como "Vitória".)

A atmosfera na Inglaterra se tornara particularmente opressiva desde a aprovação, em 1885, da Emenda Labouchère — que recebeu o nome de Henry Labouchère, parlamentar responsável por sua redação que logo se tornaria, ele próprio, membro da colônia anglo-florentina, estabelecendo-se na Villa Cristina depois de aposentado. (Que ele e Lord Henry tenham terminado vivendo lado a lado é mais uma mostra da excentricidade de Florença, de seu status como um lugar fora das regras corriqueiras.) Em essência, a emenda criminalizava os atos de "extrema indecência" entre homens adultos em público ou privadamente, puníveis com penas de até dois anos de prisão, com ou sem trabalhos forçados. (A penalidade máxima era a prisão perpétua, caso houvesse envolvimento de menores.) Antes disso, apenas o intercurso anal — *buggery* na Inglaterra e *sodomy* na Escócia — fora considerado crime.

Surpreendentemente, Labouchère não era um fanático

religioso nem um conservador; ao contrário, era um tremendo radical, editor de um jornal especializado em denúncias de corrupção chamado *Truth* [Verdade], que vivia sendo processado. Sua emenda chegou ao Parlamento junto com um decreto visando deter o aumento de sífilis entre as prostitutas e foi vista como um esforço no sentido de debelar essa crise. Anteriormente, as próprias "mulheres da vida" haviam sido acusadas pelos males associados à prostituição. Agora, os legisladores, pressionados por feministas "social-puristas", defendiam a idéia de que os homens em cujas mãos aquelas mulheres haviam "caído", mais do que as próprias mulheres, deviam ser responsabilizados. Segundo esse ponto de vista, o sexo homossexual era simplesmente a mais extremada forma que a depravação masculina podia assumir; os homens envolvidos em atos de "extrema indecência" com outros homens, em vez de serem classificados como "invertidos", eram considerados monstros da carnalidade, tão propensos a caçar moças virgens quanto a manchar juntos as camas de hotéis decentes. O desejo em si, em outras palavras, era o crime a ser punido.

O problema, evidentemente, era que, fora da imaginação dos fisiologistas vitorianos, tais demônios polissexuais não existiam. Os "invertidos", por outro lado, eram legião, e no fim foram eles os que mais sofreram com a emenda de Labouchère, em grande parte devido às palavras "em público ou privadamente", vistas como sinal verde para chantagistas, de tal forma que a emenda ficou logo conhecida como "a carta dos chantagistas". A prisão de Oscar Wilde em 1895, com base nos dispositivos da emenda, levou o pânico aos homossexuais e provocou um êxodo impressionante, que Frank Harris descreve em sua inventiva biografia de Wilde:

> Os trens para Dover estavam lotados; os vapores para Calais fervilhavam de membros das classes aristocráticas e ociosas, que pareciam preferir Paris, ou mesmo Nice fora da estação, a uma cidade como Londres, onde a polícia podia atuar com um rigor inesperado... Foi um choque para suas idéias preconcebidas que a polícia de Londres soubesse de tantas coisas que se supunha não serem de sua competência, e essa evidência pouco propícia fez com que os viciosos fugissem desabaladamente.

Florença foi a cidade onde a maior parte aportou, já que oferecia, como diz afetadamente Barbara Strachey em suas memórias, intituladas *Remarkable relations*, "um lugar ideal para o anglo-saxônico anticonvencional da época. Lord Henry Somerset... se refugiara ali... e a grande comunidade expatriada era pródiga em 'safistas', excêntricos e todos aqueles cujos arranjos maritais eram irregulares".

Ela não estava generalizando nem exagerando na afirmativa. As lésbicas residentes incluíam, mais notoriamente, Radclyffe Hall, autora do romance proibido *The well of loneli-*

ness, que vivia com sua amante, Una, Lady Troubridge. Estava lá também a autora de relatos de viagem Maud Cruttwell, que se vestia como homem e que, certa vez, contou a Mary Berenson "como gostava de cavalgar na garupa de meu burro quando pensava que era um traseiro feminino, e como ficava enojada ao descobrir que era um *maschio*". Violeta Paget, que nascera em Florença, conhecida como Vernon Lee, cortava seu cabelo curtinho e, como Maud Cruttwell, usava uma gravata masculina. James descreve-a como "excessivamente feia, briguenta e perversa... uma conversadora realmente superior com *cérebro* — quase o único em Florença". Do mesmo modo, o escultor alemão Adolf von Hildebrand lembra, em uma carta, uma noite tediosa animada pelo vigor intelectual dela:

> Durante o jantar houve uma conversa sem pé nem cabeça; então ficamos sentados até onze e meia ao ar livre, perto do portãozinho, e tive uma longa discussão com Vernon Lee sobre a natureza da verdade. Ela era muito agressiva e tinha uma inteligência brilhante, e depois de duas horas conseguiu provar triunfalmente a afirmativa que antes se propusera refutar...

John Singer Sargent pintou seu retrato; sua escrita impressionou Pater e ela teve uma longa, embora competitiva, amizade com Berenson, que mantinha uma pequena corte com a esposa Mary em I Tatti. Visitantes acorriam à mansão, sendo o mais curioso deles o poeta Michael Field, nome não de um homem mas de duas mulheres, uma tia e uma sobrinha chamadas Katharine Bradley e Edith Cooper, que viveram juntas desde a infância de Edith até sua morte em 1913. (Katherine morreu um ano depois.) Sobre os "Mikes", como elas, não muito carinhosamente, eram conhecidas, Mary Berenson escreveu:

> Elas se acham um Grande Poeta, desvalorizado no momento mas que será certamente famoso e adorado na próxima geração — e crêem que suas almas estão unidas e que é bom para elas estarem juntas. De fato, o erro evidente de ambas as teorias é "claro até para a inteligência mais curta"...

Uma estrofe do interminável poema "Variations on Sappho", de autoria das duas, comprova a tese:

Maids, not to you my mind doth change;
Men I defy, allure, estrange,
Prostrate, make bond or free:
Soft as the stream beneath the plane
To you I sing my love's refrain;
Between us is no thought of pain,
Peril, satiety.

[Moças, para vocês não muda minha mente;
Os homens desafio, atraio, afasto,
Abato, prendo ou deixo livres:
Suave como a corrente sob a planície
A vocês eu canto meu refrão amoroso;
Entre nós não há sombra de dor,
    Perigo, saciedade.]

O próprio casamento de Berenson com Mary, de fato, estava entre os "irregulares" de Florença, compreendendo um relativamente aberto *ménage à trois*, do qual o terceiro integrante era a secretária dele, Nicky Mariano. Aparentemente, não eram menores as razões dos membros heterossexuais da colônia para viverem na Itália. Assim, a digníssima sra. George Keppel, antiga amante do rei Edward VII e mãe de outra lésbica, a romancista Violet Trefusis, estabeleceu-se com seu resignado esposo na Villa dell'Ombrellino em Bellosguardo. (Que outra opção tinha ela a não ser Florença?) Lord Arthur Acton era um zeloso fotógrafo amador na tradição do barão Von Gloeden, com a diferença que os modelos para seus nus eram moças em vez de, como no caso de Von Gloeden, rapazes, sobretudo; como o romancista Francis King recordou em *Yesterday came suddenly*, ele "havia se envolvido em um escândalo antes da Primeira Guerra Mundial, quando uma mãe descontente com seu cachê informou à polícia que, junto com um político local, ele estava fotografando meninas pubescentes em um estúdio alugado com esse fim específico". Ele também teve vários filhos ilegítimos com uma mulher florentina, um dos quais mais tarde entraria com um processo reclamando metade de sua propriedade. No entanto, apesar de todas as suas indiscrições, Arthur mostrou pouca tolerância para com seu filho, que com quase cinqüenta anos ainda não podia usar o carro da família (andava de ônibus) nem tinha a chave da mansão; segundo James Lord em "The cost of the villa", sempre que Harold voltava tarde para casa, tinha que escalar o muro e entrar por uma janela.

Embora hoje seja mais lembrado por suas memórias e por sua história dos Bourbons de Nápoles, Harold Acton escreveu três romances — *Humdrum*, *Peonies and ponies* e *New lamps for old* —, assim como numerosos contos, hoje esquecidos, entre os quais "The soul's gymnasium". Nele, um velho louco vestido com uma túnica alaranjada tenta levar rapazes visitantes a seu jardim florentino para "tirar as vestes mundanas" e mergulhar em um "poço de purificação". O segundo desses jovens, um americano chamado Al Randy, havia antes "tirado" suas vestes para posar ao lado de uma cópia do *Davi*, a cujo físico o seu se comparava favoravelmente.

A homossexualidade de Acton era um segredo público em Florença — o que não o impediu de ameaçar com um processo quando soube que seria "*outed*" [revelado como homossexual] em uma biografia de Nancy Mitford. (Seu suposto motivo era proteger a delicada sensibilidade do príncipe Charles e da princesa Diana, que haviam estado recentemente em La Pietra.) Em dois maciços volumes de memórias, nunca reconhece a própria homossexualidade, embora com freqüência fale da homossexualidade em geral — no primeiro volume, por exemplo, escreve: "Ouvia-se dizer continuamente que certos homens em Florença eram bichas, não que isso fizesse muita diferença para sua popularidade: ao contrário! Quanto mais bicha, mais querido". Sintomaticamente, o objeto desta observação não é ele, nem um de seus amantes, mas um estranho visto à distância e identificado por uma acompanhante *feminina* como bicha. "Mas no que consistia sua 'bichice'?", pergunta Acton ardilosamente.

> Preciso descobrir. Tentando resolver o problema, fitei o rapaz até que ele enrubescesse de vergonha. "Mas não consigo ver nada de bicha nele", exclamei, e fui aconselhado a cuidar da minha vida, o que me levou a outras conjeturas. Pensando mais sobre ele, cheguei à conclusão de que era mais bonito do que se espera de um homem; e isso poderia ter algo a ver com a coisa. Mas como poderia ele deixar de ter o cabelo crespo e uma compleição rosada? Se raspasse a cabeça e usasse barba poderia parecer mais viril, evidentemente, mas isso não seria afetado?

Não fosse pelo fato de não ser nada bonito, Acton poderia aqui estar falando sobre si mesmo; longe de um pequeno "problema a ser resolvido", a "bichice" era para ele um dilema que exigia o uso de um jogo de evasão cada vez mais complexo — assim, o deslocamento da homossexualidade, nas memórias, para um remoto (e "seguro") terceiro, ou a observação, ao avaliar os casamentos fracassados de alguns de seus amigos: "Pude me congratular por ser solteiro". ("Como se a opção tivesse sido feita depois de uma contemplação desapaixonada!", nota James Lord ironicamente.) Durante a Segunda Guerra Mundial, Acton teve seu nome vetado para um posto em Pequim, onde vivera na juventude, devido a um relatório afirmando que seu comportamento lá não havia sido condizente com a condição de oficial e cavalheiro. O ressentimento a propósito dessa "calúnia" ainda estava vivo em 1968, e, na introdução de *More memoirs of an aesthete*, Acton caracteriza o autor da denúncia como "algum estúpido epiceno do Ministério das Relações Exteriores. Sua raiva do meu modo de vida independente foi o da eterna serpente na relva, o do filisteu invejoso". Analisando esta passagem, Lord observa que no uso corrente epiceno significa efeminado. "Como pode Harold ser tão imprudente, atribuindo a seu acusador o traço que deve ter sido central na acusação contra ele próprio?" Lord pergunta: "Será que ele pensava que ninguém sabia?".

É difícil imaginar, tanto quanto é difícil imaginar que

Pino Orioli realmente acreditava estar enganando alguém ao descrever, em *Adventures of a bookseller*, a briga entre ele e seu companheiro Davis, depois de ambos terem se apaixonado pela mesma "criatura" — uma "criatura" cujo gênero, no curso de uma longa passagem, nunca é especificado. (O italiano, com seus artigos evasivos, é ainda mais apto que o inglês no jogo de ofuscar o gênero.) Mas Orioli não demonstra a mesma reticência ao lamentar a superficialidade dos "Geoffreys" passando por Florença "sozinhos ou aos pares", pois a observação não lhe diz respeito:

> Nem todos se chamam Geoffrey, mas muitos deles levam o nome que, de uma maneira ou de outra, lhes cai perfeitamente. O nome evoca para mim a visão de um rapaz, em geral de uma universidade inglesa, em geral chegando em seu carro ou no carro de um amigo, em geral efeminado; sempre bem vestido, sempre rico e sempre pão-duro... São rapazes decorativos mas de cabeça oca e, além do mais, uma chateação.

(Nessa mesma linha, um personagem de "Gerald Brockhurst", de Jocelyn Brooke, observa que nos romances, como na vida, os "Geralds" são quase inevitavelmente atléticos e heterossexuais: "Há um em E. M. Forster e outro em Lawrence — você sabe, o homem de *Women in love* —, e li certa vez, quando estava na escola, um romance de Gilbert Frankau, chamado *Gerald Cranston's Lady*; o herói era exatamente do mesmo tipo, incrivelmente vigoroso e militar, com bigode".)

Porque para Orioli, como para Acton, uma coisa era observar as maneiras ligeiramente embaraçosas dos estrangeiros, e outra, bem diferente, era falar sobre si mesmo. Assim, Orioli pode recordar um grupo de alemães que "costumava se encontrar toda tarde em certa mesa — que, por acaso, era quadrada e não redonda — no Café Gambrinus, que era o café da moda... Se você passasse por ali, podia ouvir um ou outro dizendo coisas encantadoras sobre Donatello, Dante, Michelangelo, Bruno ou Benvenuto. Se você se sentasse a uma mesa mais próxima, onde era possível ouvir o que estavam dizendo, rapidamente percebia que não estavam comparando os méritos daqueles famosos italianos de épocas passadas, mas dos rapazes bem-apessoados da cidade naquele momento e que tinham os mesmos nomes".

Naturalmente, é tão fácil acreditar que Orioli apenas "se sentou a uma mesa próxima, onde era possível ouvir" a conversa, como acreditar que Proust, em *O tempo redescoberto*, escolheu por acaso um prostíbulo masculino quando decidiu ir descansar em um hotel. Muito mais provável é que Orioli estivesse sentado junto com os alemães, tomando parte na conversa, tão enfeitiçado quanto eles pelos rapazes com nomes de artistas.

Entre as mais sólidas relíquias da comunidade homossexual de Florença durante a primeira metade do século XX está Lord Henry Somerset, que — depois de sua fuga da Inglaterra — estabeleceu-se no número 1 da Via Guido Monaco, não longe da estação de Santa Maria Novella. Em dias pré-adâmicos, Lord Somerset não fizera quase nada; agora tornara-se famoso letrista ("All through the night", "The first spring day", "Where'er you go" etc.). Era também autor de um livrinho de versos, *Songs of adieu* (1899), inspirados em seu grande amor, Harry Smith, que morreria na Nova Zelândia em 1902. Eis um dos poemas, intitulado "The exile":

O PRAY for me!
That weeping stand on a distant shore,
My young days darkened for evermore —
O pray for me!
Pray for the homeless, outcast one,
Pray for the life crushed out and done
Ere yet its youth had scarce begun —
O pray for me!

O think of me!
I loved you well in the days gone by,
Together, you said, we'd live and die —
O think of me!

Think then of those imperial years,
Think, think of all my bitter tears,
My racking doubts, my dismal tears —
O think of me!
Yea, dear one, morning, noon, and night,
I think, and weep, and pray for thee,
And through my tears my one delight
Is born of thy dear memory.
My life with thine is past and o'er,
We can but weep for evermore.

[Oh, REZE por mim!
Aquele choro em uma praia distante,
Meus jovens dias escuros para sempre –
Oh, reze por mim!
Reze pelo sem lar, pelo pária,
Reze pela vida esmagada e vencida
Antes que a juventude começasse –
Oh, reze por mim!

Oh, pense em mim!
Eu te amei nos dias passados,
Juntos, disseste, viveríamos e morreríamos –
Oh, pense em mim!
Pense então naqueles anos imperiais,

Pense, pense em minhas lágrimas amargas,
Minhas dúvidas atrozes, minhas tristes lágrimas –
    Oh, pense em mim!
Sim, querido, manhã, tarde e noite,
Eu penso, e choro, e rezo por ti,
E através das lágrimas minha única alegria
Nasce de tua querida memória.
Minha vida com a tua passou e acabou,
Só nos resta chorar eternamente.]

Oscar Wilde, resenhando *Songs of adieu* na *Pall Mall Gazette* de 30 de março de 1889, concluiu: "[O autor] não tem nada para dizer, e diz"; um gracejo que não impediu Somerset de receber Wilde quando este veio a Florença visitar Lord Alfred Douglas, em 1894. "Podge", como Somerset era conhecido, era tão tragicômico e excêntrico quanto o herói de "The soul's gymnasium". Osbert Sitwell, que até fez carreira escrevendo memórias sobre dinossauros anglo-florentinos, representou-o como "Milordo inglese" em um dos poemas que compõem "On the continent", a terceira seção de sua coletânea de 1958, intitulada *Poems about people, or England reclaimed*. Aqui Podge é "Lord Richard Vermont", a quem "*some nebulous but familiar scandal / Had lightly blown... over the Channel, / Which he never crossed again.*" [algum nebuloso mas familiar escândalo / Levemente explodira... sobre o canal, / Que ele nunca cruzou de volta.]

Thus at the age of twenty-seven
A promising career was over,
And the thirty or forty years that had elapsed
Had been spent in killing time — or so Lord Richard thought,
Though in reality, killing time
Is only the name for another of the multifarious ways
By which time kills us.

[Assim, na idade de vinte e sete
Uma carreira promissora se acabou,
E os trinta ou quarenta anos que passaram
Foram passados matando o tempo — ou, pelo menos, era o que Lord Richard pensava,
Embora, na realidade, *matando o tempo*
Seja apenas o nome para outro dos modos vários
Pelos quais o tempo nos extermina.]

A casa de Lord Richard — "*a miniature castle of plaster / Coloured and divided by lines to represent red brick*" [um mini-castelo de gesso / Colorido e dividido em linhas imitando tijolo vermelho] — é protegida por uma porta que "*was bolted in ten places, / And only unbarred after a footman / Had scanned your face and the horizon / Through a slot in the door*" [era trancada em dez lugares, / E só era aberta depois que um criado / Examinava teu rosto e o horizonte / Por um buraco na porta]:

Once you were allowed to enter, you were lost in a dark,
gleaming forest
Of golden pillars: a herald's paradise;
There were many little rooms, studded with coats-of-arms:
But though it was an ingenious, confusing forest, with
reflections everywhere in mirrors,
It was yet a work of artifice, not of art;
There was one room, copper-sheeted,
Which blushed to rose when the lights turned on,
And another in which the walls
Were sheets of transparent glass —
I thought it might be to remind him not to throw stones,
But he explained,
'I wanted to see what it would be like, dear boy,
To live in a room with no walls.'

[Uma vez permitida a entrada, te perdias na escura,
sombria floresta
De pilares dourados: um paraíso para o mensageiro

Havia tantos quartinhos, com brasões pendurados:
Mas, ainda que fosse uma floresta engenhosa, confusa,
com reflexos por toda a parte em espelhos,
Era, no entanto, uma obra de artifício, não de arte;
Havia um quarto, coberto de cobre,
Que ficava cor-de-rosa quando as luzes se acendiam,
E outro no qual as paredes
Eram folhas de vidro transparente –
Pensei que fosse para lembrar-lhe de não jogar pedras,
Mas ele explicou:
"Eu quero ver como será,
querido rapaz,
Viver num quarto sem paredes."]

O esboço de Sitwell — com a exceção de um pequeno conjunto de cartas, ele é o mais substancial retrato que ficou de Lord Somerset — conclui com Lord Richard, velho, recebendo visitas em um banheiro no alto de seu castelo, às quais serve café em vez de chá. "Porque o chá", diz, enquanto despeja o café, "*Is responsible for all the dreadful scandal / Talked in English drawing-rooms.*" [É responsável por todo o terrível escândalo / Falado nos salões ingleses]. Os últimos versos do poema enfatizam a irrealidade um tanto arbitrária desses últimos dias, descrevendo o pouco que resta do "solitário esplendor" de Lord Richard como "*wings of dust / Enclosing an untenanted miniature castle / With stained walls / In a wisteria-strangled suburb.*" [asas de pó / Circundando o descuidado castelinho / Com paredes manchadas / Num subúrbio estrangulado por glicínias.]

A tentativa de Lord Richard, em Florença, de criar "um quarto sem paredes" resultou, afinal, em fracasso porque ele confundiu artifício com arte, capricho com invenção. Este foi um erro comum entre os anglo-florentinos, e uma das principais razões de tantos terminarem afogados na mediocridade. Como observou Edward Prime-Stevenson em seu estudo contestatário *The intersexes*, a liberdade sexual dos homossexuais emigrados na Itália "parece, com notável freqüência, ter tido o efeito de destruir sua atividade intelectual e artística, e também sua ambição. Tornaram-se perdidos na vida e vagabundos profissionais, perderam a força de vontade, ficaram sem objetivos e até sem virilidade intersexual. Não fazem nada, não realizam nada, mas falam o tempo todo em fazer e realizar; e, tendo caído lentamente em completa inatividade, o capital de talento parece ter se evaporado. Com a liberdade realmente conquistada, o alívio os aniquila".

Outro dos retratos de Sitwell, "sr. Algernon Petre", representa Reggie Temple, membro da colônia freqüentemente confundido com o romancista Reggie Turner, assim como Algy Petre, no poema, é freqüentemente confundido com o romancista

Algy Braithwaite. "Boxes", a terceira seção do poema, trata da vocação de Temple/Petre como artesão de objetos decorativos:

Completely
Undeterred
By the various gigantic figures
That threw shadows across his path here —
So that, every morning, before beginning work,
He had, as it were, to sweep out of his enormous
Studio
The spectres of Leonardo and Michelangelo —
Algy Petre settled down for over fifty years,
Through summer and short winter,
To paint the identical, highly polished portrait of Queen
Marie Antoinette
On the lids
Of diminutive circular boxes,
Subsequently lacquered.

[Totalmente
Impávido
Ante as várias figuras gigantescas
Que lançaram sombras por seu caminho aqui –
De forma que, toda manhã, antes de começar
o trabalho,

Ele tinha, por assim dizer, que varrer de seu
enorme Ateliê
Os espectros de Leonardo e Michelangelo –
Algy Petre estabeleceu-se por mais de cinqüenta anos,
Ao longo do verão e do curto inverno,
Para pintar o idêntico, extremamente trabalhado
retrato da rainha Maria Antonieta
Nas tampas
De diminutas caixas circulares,
Laqueadas em seguida.]

Ignorando Leonardo, Algy Petre retorna à época de Verrochio, "a perfeição", nas palavras de Pater (que ecoam aqui), "do antigo estilo florentino de pintura de miniaturas, com a paciente representação de cada uma das folhas nas árvores e de cada flor na relva...". No resumo de Sitwell, Temple / Petre é retratado como tendo passado a vida "*Contentedly working by a method / That, before he rediscovered it, / Had fortunately been forgotten*" [Alegremente trabalhando com um método / Que, antes de sua redescoberta, / Fora felizmente esquecido]:

Painting the portrait of someone he had never seen,
Until it was time for him, too, to fold up

Into a box he had not painted,
Under a cypress tree.

[Pintando o retrato de alguém antes nunca visto,
Até que chegasse para ele também o tempo de dobrar-se
Numa caixa que não pintara,
Sob um cipreste.]

Suas caixas — preciosas e inúteis — podem ser consideradas como emblemáticas da colônia, da mesma forma que Algy Petre pode ser considerado como a personificação de seu espírito. Para ele, os fantasmas de grandeza são estranhamente fáceis de exorcizar. É um diletante, mas, ao contrário de Lord Richard Vermont, que procura criar um quarto sem paredes, ele encerra a si próprio dentro de uma caixa: métodos opostos que levam a um mesmo destino.

Sitwell também incluiu em sua coletânea um *poème à clef* sobre Reginald Turner, romancista fracassado mas muito querido e um dos íntimos de Oscar Wilde. (Esteve junto ao leito de morte deste.) Aqui, Turner é retratado como Braithwaite, "amigo de Wilde e Whistler" que "*Had lived abroad for many years, / Making a small income go a little wayo*" [Vivera no exterior por muitos anos, / Esticando os magros rendimentos]. Não é um poema delicado:

When he laughed — which was often —
His ugly sallow face
Would collapse into a thousand wrinkles,
And his eyes, those dejected cornflowers,
Would wink, blink and water.

[Quando ele sorria — o que fazia sempre —
Seu rosto feio e amarelado
Desmoronava em mil rugas,
E seus olhos, centáureas desalentadas,
Piscavam, repiscavam e lacrimejavam.]

Embora autor de tantos livros quanto Ouida — entre eles, *Castles in Kensington*, *Count Florio and Phyllis K.* e *Samson unshorn* —, Turner talvez seja mais lembrado por uma frase. Quando W. Somerset Maugham se queixou de que não conseguia encontrar exemplares das primeiras edições de seus romances, Turner respondeu: "Ah, é? Pois, dos meus, eu não consigo encontrar nenhum da segunda edição". (Maugham, não por acaso, era um assíduo visitante de Florença naquele tempo, geralmente em companhia de seu secretário, Gerald Haxton.) Como Acton, Turner teve o destino típico de tantos anglo-florentinos, o de ser lembrado mais pelas pessoas que conheceu do que por algo que ele próprio tenha feito. Nesse sentido, sua ligação com Wilde lhe trouxe contrariedades. Acton se recorda do embaraço de Turner quando um romancista francês, André Germain, "tomou suas mãos e segurou-as, dizendo com voz esganiçada: "*Ai-je bien l'honneur de parler avec le grand ami d'Oscar Wilde? Monsieur, permettez-moi de vous embrasser*". [Tenho mesmo a honra de falar com o grande amigo de Oscar Wilde? Senhor, permita-me abraçá-lo.] Em outra ocasião, "Ronald Firbank, cuja voz já fazia Reggie estremecer, saiu correndo de uma floricultura e cobriu-o de lírios dos pés à cabeça".

Turner era amigo íntimo de Norman Douglas, que Sitwell chama de "Donald McDougall" em outro poema. Naqueles anos, Douglas passava boa parte do tempo em Capri, que estava para Florença como Fire Island está hoje para Nova York. Ele escreveu um romance — *South wind* — ambientado na comunidade expatriada de Capri, tema utilizado também por Compton McKenzie, o fundador de *The Gramophone*, em seu livro *Vestal fire*. Sob um pseudônimo — "Pilaf Bey" —, Douglas também publicou uma coletânea de receitas afrodisíacas, *Venus in the kitchen*, com introdução de Graham Greene.

Muito diz-que-diz cercou a turva vida sexual de Douglas. Em *The ant colony*, indiscreto romance de Francis King sobre Florença, um italiano chamado Franco se lembra de Douglas reunindo à sua volta "alguns colegiais pubescentes, Franco entre eles", enquanto segurava "uma nota de baixo valor para ser dada como recompensa ao rapaz que, em uma disputa cada vez mais frenética, conseguisse gozar primeiro". Acton descreve para James Lord suas esporádicas caminhadas por Chianti na companhia de Scott Moncrieff e Douglas, "que não conseguia deixar de acariciar meninos em cada vilarejo que visitavam". O hábito, finalmente, atingiu o velho escritor durante o período fascista, quando foi expulso de Florença por seu envolvimento com um menino de doze anos. Se bem que Acton, ao escrever sobre esse período em suas memórias, tenha, em uma arrevesada tentativa de proteger a reputação do amigo (ou, talvez, a sua própria), transformado o menino em menina, dando assim a Compton McKenzie a oportunidade de cunhar uma frase de efeito: "No final, todos eles acabam gostando de menininhas".

As excentricidades de Ronald Firbank deixaram em segundo plano, para muitos leitores, o verdadeiro interesse por sua obra. Para o pintor Duncan Grant, ele era "um elegante gafanhoto de botas e luvas de pelica brancas"; para Carl Van Vechten, seu amigo e defensor, um "Aubrey Beardsley de Rolls-Royce", um "Jean Cocteau na Sabóia". Até Firbank participou do culto de sua própria pessoa, queixando-se, em uma carta a Van Vechten, de que as resenhas o faziam se sentir "como uma garrafa de uísque proibido, e não como a Veuve Clicquot (1886), *cuvée spéciale*" que ele sabia que era.

Em *Noble essences*, Osbert Sitwell lembra que "durante

abril e maio, quando [Firbank] estava morando na mansão que antes pertencera ao pintor suíço Böcklin, situada fora de Florença", Sitwell e seu irmão Sachaverell costumavam encontrá-lo na Via Tornabuoni, "cambaleando sob um monte de flores que havia comprado e espichando o pescoço de forma selvagem e desesperada em busca de um táxi que o levasse para casa...". As flores são também figura de destaque na descrição que faz Acton do encontro entre Firbank e Reggie Turner, que nutria uma profunda aversão por ele. "Embora Firbank vivesse uma vida isolada", prossegue Acton,

> mantendo não mais do que relações desiguais com umas poucas relíquias escolhidas dos anos 90, que não sabiam o que fazer dele, ninguém transmitia a essência da fofoca florentina melhor do que ele. Ele se fazia estimar pelos garçons do Betti por suas generosas gorjetas. Tendo especialmente pedido uma fruta que estava fora de época, sentava-se e contemplava-a como um santo de El Greco em êxtase. Colocava contra a luz uvas moscatel do meio do inverno, fitando as bagas carinhosamente enquanto tomava um copo de vinho atrás do outro. A comida ele mal tocava e a espetava como se sentisse repulsa.

Em suma, Firbank era o perfeito avatar da decadência fin de siècle, na medida mesmo em que o estilo que ele aperfeiçoou — que se distingue por uma impertinência auto-reflexiva que ecoa a convivência plena de farpas de Florença — representa a mais extrema manifestação do movimento que Wilde (e, em menor grau, Beardsley) iniciou algumas décadas antes. Nem meramente literária é a associação entre Firbank e Wilde. Em sua juventude, Firbank conseguiu manter amizades duradouras, tanto com Lord Alfred Douglas como com o filho de Wilde, Vyvyan Holland, de cuja festa de 21º aniversário participou, como, aliás, Henry James. (Mais tarde, segundo sua biógrafa Miriam Benkowitz, "Firbank repreendeu [Holland] por ele se divertir com uma série de processos que Douglas perdeu".) Ao empregar a voz wildeana, que era também a voz das conversas no café Doney's, Firbank subvertia não apenas a autopromoção florentina, mas as atitudes vitorianas em geral.

De todos os seus romances, aquele que mostra uma influência florentina mais pronunciada é *The flower beneath the foot*, em grande parte escrito quando alugava a Villa I Lecci em Via Benedeto di Maiano, nº 15, em Fiesole. "Como meu livro teria sido diferente se eu tivesse ido para Viena", escreveu para sua mãe, "porque, claro, o meio pesa. Provavelmente, o livro teria sido mais brilhante e frívolo, mas não uma obra tão sólida como a que eu espero fazer aqui." Ele via seu próprio estilo no romance como "vulgar, cínico e 'horrível', mas, evidentemente, bonito aqui e ali para os que sabem discernir". Escrita como a sua, sentia ele, deve trazer "desconforto aos idiotas, porque é agressiva, espirituosa e implacável".

Não é de surpreender que *The flower beneath the foot* seja um *roman à clef*. Para os habitués da fictícia Pisuerga, onde se passa o romance, Firbank preparou uma espécie de legenda, que enviou à mãe:

> "Princesa Elsie" = Princesa Mary. "Sra. Chilleywater" = Sra. Harold Nicolson. "Eddy" = Evan Morgan — e evidentemente "rei Geo" e "rainha Glory" são o rei e a rainha. A embaixatriz inglesa é baseada na sra. Roscoe e Lady Nicolson... A dama jornalista deve ser "Eve" da *Tatler* ou qualquer outra das tagarelas que escrevem para a revista.

A princesa Mary estava visitando Fiesole em sua lua-de-mel na época em que Firbank escrevia *The flower beneath the foot*. Outras conexões aparecem à medida que o romance prossegue. Madame Wetme, a proprietária de um bar no estilo Doney's, deseja, acima de tudo, entrar na sociedade; sua "religião, seu Deus cruel, era o *Chic*: o Deus *Chic*". Mesmo suas metáforas refletem a geografia florentina: "Admito que vivo no vale", diz ela a uma duquesa. "Embora *eu* tenha um grande senso de montanha!"

Os apelidos engraçados abundam. Uma única conversa

inclui "Grim-lips [Lábios Severos] e Ladybird [Joaninha], Hairy [Cabeludo] e Fluffy [Fofinho], Hardylegs [Pernadura] e Bluewings [Asazul], Spindleshanks [Patalonga] e Our Lady of Furs [Nossa Senhora dos Casacos de Pele]". Em outro momento o rei de Pisuerga, depois de ser informado durante um banquete que no imaginário país de Dateland não existe algo como porcelana, responde: "Não ficaria mais espantado... se você me dissesse que há pulgas no Ritz". Esta observação casual, mal interpretada por Lady Something [Senhora Qualquer Coisa], a embaixatriz britânica, torna-se assunto de tempestuosos boatos e termina com os proprietários do Ritz processando-a por calúnia.

Firbank reserva sua paródia mais contundente para o esteta "Eddy" Monteith, filho de Lord Intriguer, um personagem baseado em seu ex-amigo íntimo Evan Morgan. Em 1920, os dois haviam brigado por causa da peça *The princess Zoubaroff*, que ele queria dedicar a Morgan. No início, Morgan aceitara a oferta do amigo com gratidão; no entanto, pouco antes de o livro ser publicado, mudou de opinião e ameaçou processar o editor de Firbank, Grant Richards, se a dedicatória não fosse retirada. (Aqui vêm à memória os protestos irados de James quando Forest Reid dedicou-lhe *The garden god*.) Ao escrever *The flower beneath the foot*, Firbank decerto ainda conservava a mágoa, pois ridiculariza as tendências "estéticas" de Morgan:

> Deitado entre cristais de banho solúveis, enquanto seu criado habilmente o banhava, entrou em uma espécie de coma, doce como um transe religioso. Sob a rítmica esponja, perfumada com *Kiki*, ele era são Sebastião e, à medida que a água se tornava mais espumosa e os cristais desapareciam no meio do vapor, ele era Teresa... e teria sido, provavelmente, a própria Virgem Santa se o banho não fosse esfriando pouco a pouco.

Eddy é o autor do volume *Juvenilia*, que inclui escritos como "Lines to Doris: written under the influence of wine, sun and fever", "Ode to Swinburne", "Sad tamarisks", "Rejection", "Doigts obscènes", "They call me Lily!!" e "Land of Titian! Land of Verdi! O Italy!". Mais adiante, nada menos que em uma nota de pé de página, Eddy morre ao participar de uma escavação arqueológica perto de Sodoma: "O choque recebido ao encontrar um chacal quando compunha um soneto fora demasiado forte para ele... Ai, a triste obscuridade de seu fim!".

Outro personagem interessante de *The flower beneath the foot* é o conde Cabinet, um "ministro da Coroa 'caído em desgraça' e exilado na ilha de Santa Helena". Embora a natureza do escândalo nunca seja especificada, nem seu nome incluído no *who's who* do romance que Firbank enviou à mãe, o banimento do conde Cabinet lembra muito o destino de Lord Henry Somerset. Quando a virtuosa condessa de Tolga toma um bote para "se meter com o lisonjeado exilado", ela leva como presente "uma cesta de peras grandes do início da estação, uma pequena urze e os *Poemas eróticos*, encadernados em couro trabalhado, de um poeta colegial, talvez querido principalmente por causa do frontispício com a vinheta do autor". A única companhia do conde Cabinet na ilha é seu "útil" secretário, Peter Passer, que Firbank descreve como "mais valete, talvez, que secretário, e mais moço de recados que qualquer outra coisa". Segundo seu relato o "antigo corista do Blue Jesus" se ofereceu como voluntário para seguir "no exílio o homem de Estado demitido em um momento em que as autoridades de Pisuerga realizavam investigações minuciosas sobre vários artigos desaparecidos do *Trésor* da Catedral...". (Talvez alguns paramentos do século XVIII que o jovem Peter usava quando saía vestido de cardeal Richelieu?)

O relato de Firbank sobre a dupla dá ensejo a algumas de suas mais encantadoras páginas de prosa. Ao pescar de uma janela aberta, o conde Cabinet, para sua surpresa, pega "um notável peixe cor de malva, com vívidas pintas escarlate", cuja visão o leva a ponderar sobre "os mistérios das profundezas e a sutil variedade que há na natureza... Entre as espécies mais ortodoxas existentes no lago, como carpa, bacalhau, tenca, enguias, arenque, camarões etc., este peixe excepcional deve ter conhecido seus sofrimentos e perseguições... E o conde, com um sorriso estóico, lembra seu próprio caso". Como Wilde, o "peixe distinto" é ao mesmo tempo estóico e bonito diante da adversidade e do transtorno.

De fato, como Firbank a descreve, a ilha de exílio do conde é quase edênica em sua tranqüila (e mediterrânea) beleza. Aqui, quando não estava "andando de bote, lendo ou alimentando seus cisnes, ver Peter dar saltos ornamentais do terraço era, talvez, o passatempo favorito do veterano *viveur*".

> Observar o rapaz desfilar rente à água, nu como uma estátua, estirar os braços e saltar, o *flying-head-leap* ou o *back-sadilla*, era uma bela visão, que se alternava uma e outra vez — mas agora com mais freqüência — com olhadas num volume de antigos versos gregos; ouvi-lo trinar na água com sua clara voz de contralto — ele sabia uma infinidade de kyries e cantos litúrgicos — emocionava o velho até as lágrimas. Com freqüência os próprios cisnes se perfilavam para ouvir, expressando por entusiásticos movimentos de seus pescoços (lembrando ao exilado o êxtase de certas damas musicais ou "artísticas" nas salas de concerto, ou na Opera House, há muito tempo) sua muda admiração, seu emocionado enlevo...

Dentre os "estranhamente fabulosos" cisnes a quem o conde adora, um bica Peter "com ciúmes, sem dúvida, da graça do rapaz". Porque este, "nu como uma estátua", é em sua nudez o próprio modelo do artificial. Para o conde, como para o barão Von Gloeden, o classicismo justificava uma polida pornografia, como a de *The garden god*, o romance de 1905 cuja dedicatória James recusou, em que um menino chamado Graham posa para seu amigo Harold em atitudes de fauno, o *spinario*, o *Adorante*, e um jovial Dioniso com um rosto "como o do *Baco* de Leonardo". Mais uma vez, estamos em Florença.

Perto do final de *The flower beneath the foot*, Firbank mergulha em uma meditação proustiana sobre o crepúsculo, que não deixa de ter elementos de paradoxo wildeano. "Em certos países", observa, "com que diplomacia a noite cai e com que discrição se vai a luz do dia."

> Esses escureceres, escuros-e-claros entardeceres do norte, tão desconcertantes em sua vivacidade, eram totalmente desconhecidos em Pisuerga. Lá, a Noite perseguia o Dia como de propósito. Sem demora ou sentimentalismo ártico! Sem concertinice... Firme nos calcanhares do sol, a Noite pressionava. E o motivo de sua pressa; A atração do sol? Impaciência por herdar? Uma resposta a tais enigmas pode, sem dúvida, ser encontrada consultando as teorias do cientista sobre o Tempo e a Relatividade.

Em vez de chamar a atenção para a frieza do norte, ou usar seus severos invernos como metáfora da intolerância moral, Firbank enfatiza aqui a "vivacidade" dos crepúsculos setentrionais; em suas mãos, mesmo o frio se investe de "ártico sentimentalismo". No sul, por outro lado, o pôr-do-sol é tão brusco e brutal como uma camponesa italiana matando, com muita eficiência, uma galinha. A noite persegue o dia "como de propósito" (precisamente como o conde Cabinet fora perseguido), dando ordem para extinguir o fogo em sua ilha paradisíaca, e nos recordando que o banimento, mesmo para o mais ameno gulag, não deixa de ter sempre um sabor amargo.

Todos os grandes escritores são, no fim das contas, transformadores, mais do que escribas, da experiência. Contrariamente a Acton, que faz pouco mais que repetir velhas fofocas, ou Sitwell, que faz delas uma comédia de salão, Firbank formulou, partindo da tendência florentina para o humor malicioso e a malevolência, uma estratégia literária única. Arguto historiador dos expatriados ingleses na Europa meridional (e alhures), ele foi também o mais importante defensor de um estilo literário cuja influência é de longo alcance, visível não apenas na sutil sátira de Muriel Spark e David Lodge (ambos, aliás, vivem na Toscana), mas em toda uma tradição de ficção de temática homossexual cujos praticantes, de Alfred Chester a Edmund White, têm uma dívida (às vezes reconhecida) para com seu legado. Nesse sentido, ele justifica os escritores anglo-florentinos menores, a maioria dos quais caiu em uma obscuridade tão completa quanto a de seu próprio túmulo coberto por ervas daninhas em Roma. Embora as futuras gerações de leitores talvez não reconheçam seu nome, sentirão, nas páginas dos escritores que importam, o peso sutil e a pressão de sua agudeza.

Nenhuma imagem da história da arte ocidental, com a possível exceção da *Mona Lisa*, foi tão reproduzida quanto o *Davi* de Michelangelo. Em Florença, especialmente, seus *doppelgängers* proliferam — a cópia de mármore de Luigi Arighetti na Piazza della Signoria, a de bronze de Clemente Papi na Piazzale Michelangelo, para não mencionar as réplicas produzidas em série, em gesso de Paris, plástico, latão e até ônix (um *Davi* negro), à venda nas lojas de presentes da cidade, uma das quais tem o nome de David's Shop. Uma cópia da estátua monta guarda na sauna gay local, como em tantas outras da Europa. Fora do Palazzo Vecchio, vendedores de cartões-postais oferecem *Davis* em todas as poses possíveis e imagináveis, além de aventais com a estampa de seu torso, cuecas com suas virilhas pintadas, postais em que ele e o gordo Baco dos jardins Boboli aparecem lado a lado sob o título: "Antes e depois", e, talvez mais escrachadamente, closes de seus genitais, alguns com óculos de sol desenhados sobre os pêlos pubianos, com os dizeres: "UAU, FLORENÇA!" no topo. Há dois anos, em meu aniversário, meu irmão me presenteou com um *Davi* magnetizado em forma de boneca de papel, cujo variado guarda-roupa (roupa para nadar, smoking, regata e short) combinaria mais com um homossexual urbano do início da década de 1980 do que com um herói bíblico ou mesmo com um atlético rapaz florentino do final do século XV. Tais vulgarizações, como o famoso bigode que Marcel Duchamp colocou na *Mona Lisa*, sugerem um desconforto com o sublime das grandes obras de arte, um desejo de diminuir sua intensidade através da desfiguração e do ridículo. Ao mesmo tempo, elas confirmam a força carnal da estátua, aquela fisicalidade à qual Pater deu voz ao afirmar que Michelangelo "amou as próprias pedreiras de Carrara, aqueles estranhos picos cinza que, mesmo ao meio-dia e de qualquer lugar de onde sejam vistos, trazem à cena algo da solenidade e quietude da tardinha; vagou entre esses picos mês após mês, até que, finalmente, as pálidas cores cinzentas parecem ter passado para a pintura; e na coroa da cabeça do *Davi* ainda restou um pedaço de pedra não cortada, como que para manter, por um simples detalhe, o elo com o lugar de onde foi tirado".

Agora, examinando a reprodução do rosto do *Davi* em um mouse pad que comprei outro dia no Museo dell'Opera del Duomo, vejo o "pedaço" ao qual Pater se refere. A expressão de Davi é, ao mesmo tempo, inquieta e incerta, como se estivesse questionando o próprio heroísmo de estilingue pelo qual será lembrado. Nas reproduções, observa Mark, esse olhar que dança à beira da contrição se endurece em algo mais parecido com a grosseria, e a face se torna tensa e má. O *Davi* real, em contraste, tem uma curiosa delicadeza, até uma fragilidade, da qual sua própria massividade é a fonte paradoxal.

Nesse sentido, é ilustrativo o que poderíamos chamar de pré-história do *Davi*. O bloco de pedra de cinco metros, do qual ele foi cortado, havia sido retirado originalmente em 1464 para a Opera del Duomo, mas nunca foi usado porque o escultor que o planejara era, para citar um contemporâneo de Michelangelo, "insuficientemente familiarizado com sua arte". Alguns anos mais tarde, o escultor Andrea Sansovino tentou convencer a direção da Opera del Duomo de que poderia realizar a obra; mas Michelangelo conseguiu apresentar uma proposta que não requeria pedaços adicionais de pedra e, por essa razão, o mármore lhe foi concedido. (De fato, é devido à exatidão com que Michelangelo fez uso de seu bloco que o pedaço de pedra não cortada na cabeça do *Davi* permanece.)

"No *Davi* Michelangelo mostrou pela primeira vez aquela qualidade de *terribilità*, de enorme força apavorante, pela qual ele posteriormente se tornou célebre", afirma John Addington Symonds em sua biografia do artista:

> A estátua se impõe, não apenas por seu tamanho e majestade, mas por algo veemente na concepção... Desejando talvez aderir estritamente à história bíblica, Michelangelo estudou um modelo cujo corpo não se desenvolvera. O *Davi*, falando francamente, é um rapazola colossal. [Théophile Gautier escreveu que ele parecia "um carregador de feira".] Seu corpo, na largura do tórax, profundidade do abdômen e solidez geral, não cresceu na

proporção de suas mãos e pés enormes, e da pesada cabeça. Sentimos que lhe faltam ainda dois anos para se tornar um homem plenamente desenvolvido, passando da adolescência à plenitude de força e beleza. A estrita observância das imperfeições do modelo em certo estágio do crescimento físico é notável e não totalmente agradável em uma estátua de quatro metros de altura. Tanto Donatello quanto Verrochio trataram seus *Davis* da mesma maneira realista, mas trabalharam em uma escala menor e em bronze. Insisto neste ponto porque os estudiosos de Michelangelo têm se mostrado propensos a fechar os olhos para a extrema sinceridade e naturalismo das primeiras fases de sua carreira.

Quando a estátua ficou pronta, em 1504, Botticelli quis colocá-la na Loggia dei Lanzi; outros preferiam o próprio Duomo. No final, entretanto, foi decidido que o *Davi* deveria ser colocado em frente ao Palazzo Vecchio. Deslocá-lo para lá não foi tarefa fácil. Primeiro, as paredes da Opera del Duomo tiveram que ser postas abaixo. O *Davi* "foi colocado muito lentamente em uma posição ereta e suspensa, de tal modo que não tocasse o solo com os pés", observa Luca Landucci em seu diário. O traslado durou quatro dias e mobilizou quarenta homens.

Depois, por quase quatro séculos, o *Davi* levou uma vida relativamente pacífica na Piazza, salvo um dia infeliz em 1527, quando irrompeu um tumulto e seu braço esquerdo foi quebrado. O incidente prova, mais uma vez, o curioso fato de que objetos maciços podem ser surpreendentemente frágeis. O mau tempo também fez seus estragos e, na metade do século XIX, quando a Itália estava se unificando e Florença se preparava para seu breve momento de glória como capital do país, historiadores da arte, restauradores e políticos começaram a pressionar para que se arranjasse uma nova morada para o *Davi*. Em 1852, uma comissão reunida para elaborar um relatório "sobre os perigos que ameaçavam o *Davi* e sobre os sistemas a serem adotados para evitar sua queda ao chão" decidiu, por unanimidade, realocar a estátua, mas não se pôs de acordo quanto ao lugar. A *loggia* do velho mercado foi indicada, assim como a Loggia dei Lanzi (outra vez) e a Loggia degli Uffizi, mas por razões que variavam da falta de luz ao medo de que a estátua fosse vítima dos "ataques das classes inferiores"; todas as três foram rejeitadas, como o foram igualmente a capela Medici e o museu Bargello. Então, no final da década de 1860, outra comissão concluiu que a única maneira de dar à "mais extraordinária estátua dos tempos modernos" um "refúgio" era construir um templo para esse propósito específico. Essa "tribuna" seria desenhada pelo arquiteto Antonio di Fabris como um anexo à Accademia di Belle Arti; lembrando o que acontecera em 1504, a comissão achou prudente transferir a estátua para o local antes do início da construção, para evitar que paredes tivessem de ser quebradas.

O traslado foi cuidadosamente planejado. Primeiro, no verão de 1873, trabalhadores montaram trilhos de ferrovia cruzando a Piazza della Signoria. Os trilhos dobravam à direita na Via de Calzaiuoli, contornavam o Duomo e viravam bruscamente à esquerda na Via del Cocomero ("Rua da Melancia", cujo nome depois mudou para Via Ricasoli) antes de chegarem a seu destino na Accademia. Uma vez prontos os trilhos, o *Davi* foi içado de seu pedestal e baixado a uma espécie de vagão, cujos andaimes de madeira o mantinham suspenso, de modo que seus pés não tocavam o chão. Finalmente, em 30 de julho, ele começou a viagem para seu novo lar — uma viagem que duraria sete dias, embora a distância envolvida pudesse ser percorrida em dez ou quinze minutos. Em uma das poucas ilustrações feitas do traslado, publicada na *Nuova Illustrazione Universale*, de janeiro de 1874, apenas a parte superior do torso do *Davi* era visível acima das paredes de madeira do vagão. Sua famosa postura — cabeça inclinada, olhos fitando hesitantemente por sobre o ombro esquerdo — adquire um novo pathos nesta imagem, como se o que ele olhava com tanta preocupação fosse o gradual desaparecimento da única casa que tivera.

Nem todos ficaram contentes com o traslado. "O *Davi* de Michelangelo na Piazza della Signoria acabou!", lamenta um jornalista anônimo no *Giornale Artistico* de 1º de agosto de 1873. "Foi embalsamado e visto em uma engenhoca de madeira e ferro, a caminho de seu enterro no Cemitério da Arte, vulgarmente conhecido como Accademia di Belle Arti." Uma charge do mesmo período mostra um *Davi* curvado e debruçado para fora da caixa, discutindo com os dândis enchapelados que supostamente orquestraram seu traslado. Uma carta enviada ao ministro da Educação Pública queixava-se do vagão "degradante" no qual o *Davi* fora encerrado — como se a lenta corrosão de seu corpo de mármore pela chuva e pelo vento não fosse, literalmente, muito mais degradante. E, embora a retórica cessasse depois que o *Davi* estava instalado e em segurança na Accademia, o incômodo com o vazio deixado na *piazza* continuou, levando, em 1910 (as coisas acontecem lentamente em Florença), à instalação de uma cópia de mármore que hoje muitos turistas podem facilmente confundir com o *Davi* verdadeiro.

Os mais astutos, claro, enfrentam as longas filas fora da Accademia para ver o *Davi* em sua autêntica e inimitável glória. Vivendo agora em uma tribuna, poderia se esperar que ele adotasse uma expressão de arrogância, mas, de fato — e apesar da mudança de ambiente —, seu ar de vulnerabilidade parece apenas ter se intensificado com o passar do tempo. Talvez isso se deva à idade avançada, uma persistente dor em seu braço esquerdo, ou no segundo dedo de seu pé esquerdo, quebrado por um vândalo em 1991. Inventar tal motivo, sei, é admitir que a estátua tem uma identidade distinta da figura bíblica que representa, ou mesmo do mármore do qual foi talhada; na verdade, é admitir que a estátua tem uma consciência. E a que essa consciência — ao mesmo tempo pesada e frágil — se assemelharia? Que tipo de memória a pedra possuiria? Mal podemos imaginar.

Como a maioria das pessoas, fui pela primeira vez a Florença por causa da arte. Essa visita inicial, em 1982, durou quatro dias e significou um mergulho quase completo no tesouro artístico da cidade, uma alternância vertiginosa entre frio e calor, *piazzas* ensolaradas e igrejas tão escuras que meus olhos levavam minutos para se acostumar. Quando os quatro dias terminaram, eu vira praticamente tudo que meu professor de história da arte recomendara; dera uma olhada em dezenas de afrescos e altares e passara horas nos longos corredores da Uffizi; subira os caminhos íngremes dos jardins Boboli, a operática escada (desenhada por Michelangelo) que leva à Biblioteca Laurenciana e a escada em espiral que leva ao teto do Duomo. E como eu me sentia? Irritadiço, impaciente, inadequado. Síndrome de Stendhal: a profusão de prodígios rompeu meu equilíbrio, de modo que no final de minha estada decidi interromper minhas férias de verão e tomar o avião de volta para Palo Alto, movido por um desejo de coisas americanas banais que, eu esperava, me ajudariam a restaurar o sentido de quem eu era.

Morar em Florença, claro, é algo completamente diferente; aí você quase nunca vê arte, a menos que aconteça de um amigo ou parente estar de visita. Não imaginamos facilmente Ouida e Janet Ross, e outros anglo-florentinos, fazendo excursões regulares ao Palazzo Pitti; elas estavam demasiado ocupadas brigando e fofocando. Da mesma forma, a vida do estrangeiro em Florença nos dias de hoje, embora constantemente tocado por uma persistente, ainda semi-articulada consciência da proximidade da arte, continua curiosamente distante do — poderíamos até dizer imune ao — patrimônio que, no início, o atraiu para o lugar. Não que a arte desapareça para ele; simplesmente ela permanece na periferia de sua imaginação, à espera do dia em que um incentivo não específico — o tempo adequado, a ausência de fila — induza-o a fazer uma visita espontânea a Santa Maria del Carmine, a São Marco ou ao Pallazo Medici-Riccardi...

O que ele esquece, evidentemente, é que as obras de arte não são imortais. Nem são imunes a catástrofes, tanto humanas como naturais. Em 1993, uma bomba destroçou parte da Galleria degli Uffizi. No mês de abril anterior, estando em Florença à procura de um apartamento, ficamos na Pensione Quisisana e Ponte Vecchio, onde foram filmadas cenas de *A room with a view*. Era uma pensão antiga, que ocupava os andares superiores de um *palazzo* que dá para o Arno, a algumas portas da Uffizi. Havia um imponente hall de entrada, dilapidado mas um tanto quanto imponente, no qual uma velha senhora, talvez a mãe ou avó do proprietário, podia ser vista olhando distraidamente o televisor, que estava sempre ligado. Para chegar ao nosso quarto, tínhamos de subir e descer várias escadinhas, três corredores de largura desigual e um *salone* com piso branco e um piano; como Forster notou em seu posfácio de 1958 a *A room with a view*, depois da guerra as casas ao longo daquela parte do Lungarno "receberam novos números, foram remodeladas e, por assim dizer, coladas outra vez"; algumas das fachadas foram ampliadas e outras reduzidas, de modo que se tornou "impossível dizer qual quarto era romântico meio século atrás". Lembro que fomos a um recital da pianista russa Bella Davidovich, na igreja de Santo Stefano, e no dia seguinte a encontramos para tomar o café da manhã juntos; ela também estava hospedada na Quisisana e Ponte Vecchio e, quando a cumprimentamos, tirou a luva da mão direita para o aperto de mão: um lembrete de que até há pouco a maioria das mulheres usava luvas.

Em todo caso, choveu muito durante nossa visita. (Pino Oriolo, entre outros, brincava com o fato de que a famosa primavera toscana, tão decantada, não passa, em geral, de uma sucessão de tardes encharcadas.) Encontramos um apartamento e voltamos para casa com a intenção de retornar no início de julho. Na noite de 27 de maio, já nos Estados Unidos, liguei a televisão para ver o noticiário e soube que um carrobomba explodira ao lado da Uffizi, destruindo três quadros e causando danos em trinta outras obras, além de graves prejuízos ao museu e a vários edifícios próximos, incluindo o que abrigava a Quisisana e Ponte Vecchio. A pensão foi fechada e nunca reabriu.

Durante os primeiros meses em que vivemos em Florença — o fim do verão e o outono de 1993 —, caminhávamos com freqüência até o final da Chiasso dei Barroncelli para observar, através de uma retorcida barreira de andaimes presos com fita vermelha e branca, as pilhas de entulho, metal e plástico que eram o legado da bomba. Por ruas assim é que Lucy Honeychurch se perdera com Miss Lavish; agora elas eram pedreiras esvaziadas, parecidas com aquelas pelas quais vagava Michelangelo. A devastação foi tão intensa que lembrava fotografias do Lungarno e da Via Por Santa Maria depois do bombardeio alemão no verão de 1945 — e, no entanto, naquela ocasião, nenhuma grande obra de arte foi destruída. Já em 1940, o governo fascista, com alarmante previdência, começara a tomar medidas de segrança para o caso de a guerra eclodir, acolchoando algumas estátuas e deslocando outras, junto com as portas de bronze do Batistério, para um abrigo de concreto nos jardins Boboli. Na Accademia, os Michelangelos foram guardados dentro de silos de tijolos. Muitas das pinturas da cidade foram simplesmente retiradas de Florença e levadas para algumas das mais imponentes *villas* do campo, entre elas Montagnana, Poppiano e o Castello Montegufoni, que era propriedade do pai de Osbert Sitwell, Sir George Sitwell. Em *Laughter in the next room*, quarto volume de suas memórias, intituladas *Left hand, right hand!*, Sitwell explica que Montegufoni foi escolhido

> porque está situado em um distrito remoto, mas, sobretudo, porque as portas e janelas dos quartos principais eram suficientemente amplas para permitir que os quadros maiores pudessem ser colocados e tirados sem risco de dano... aqui, muito próximo do que se transformaria em um dos pontos mais disputados da linha de frente, reuniram-se os convidados mais curiosos... entre os primeiros, no dia 18 de novembro [de 1942], estavam a *Batalha de San Romano*, de Uccello, a *Virgem entronizada*, de Cimabue, a grande *Madonna* de Giotto e *A Primavera*, de Botticelli.

Pela impressionante soma de dezessete liras por dia, Guido Masti, o criado de Sir George Sitwell, tinha como tarefa proteger obras de arte avaliadas na época em 320 milhões de dólares. Mas ele não era a única pessoa no castelo. Conta-se que em 1943, Cesare Fasola, então curador da Uffizi, atravessou as linhas de combate para ir a Montegufoni, onde assumiu a proteção das pinturas que amava. Mais surrealisticamente, nada menos que 2 mil refugiados "apinhados nos porões e masmorras, vindos de cidades tão distantes como Empoli e Castel Fiorentino; pois a antiga reputação de Montegufoni como fortaleza revivera na imaginação popular".

> Lá estiveram, então, durante dez ou catorze dias, duas populações: a desordenada multidão de desabrigados e almas aterrorizadas lá embaixo, no escuro, onde, em todo caso, se estava em relativa segurança, e, no andar de cima, em grave perigo, centenas de pinturas mundialmente famosas, empilhadas junto às paredes nos quartos sublimemente pintados e nos halls... Em seguida, chegaram os alemães, ocuparam o castelo e expulsaram os refugiados. Viviam no andar de cima e freqüentemente ameaçavam destruir as pinturas, mas o professor Fasola e Guido Masti continuavam, de algum modo, a preservá-las. Quando o general alemão, entrando no castelo, proferiu palavras ameaçadoras sobre as grandes telas que estavam em seu caminho, dizendo que elas deveriam ser queimadas, Guido retrucou, de um jeito que só um italiano, com a imaginativa retórica típica de sua raça, poderia dizer: "Estas pinturas não pertencem a uma nação, mas são propriedade do mundo todo".

Espantosamente, quase nenhuma das obras abrigadas em Montegufoni sofreu danos; a exceção foi o Ghirlandaio circular que os alemães usaram como tampo de mesa e que, em conseqüência, ficou com manchas de vinho, comida e café, além de ter sido riscado com facas.

Em suas memórias intituladas *The art of adventure*, Eric Linklater recordou mais tarde sua chegada a Montegufoni com o correspondente de guerra da BBC Wynford Vaughan-Thomas, não muito depois de os alemães fugirem. "Alguns refugiados dormiam no castelo", escreveu, "... percebendo alegremente nossa excitação, fizeram sons de animada aprovação, e dois homens começaram a abrir ruidosamente as janelas... Vaughan-Thomas gritou: 'Uccello!'."

> Eu, no mesmo instante, gritei: "Giotto!". Por um momento fiquei lá, parado, arrebatado de espanto e júbilo... Nos aproximamos, e os refugiados nos rodearam e orgulhosamente exclamaram: "*È vero, è vero! Uccello! Giotto! Molto bello, molto antico!*". Então ouvi um súbito clamor de vozes, um grito de contentamento, e Vaughan-Thomas gritando "Botticelli" como se fosse um caçador de raposas açulando os cães no topo de uma colina. Corri para ver o que ele encontrara e estaquei diante de *A primavera*.

Para os estrangeiros residentes na Itália, os anos que precederam a guerra foram difíceis de suportar. Como conseqüência da ascensão de Mussolini ao poder e a invasão da Abissínia, um súbito surto de intolerância misturada com nacionalismo começou a se manifestar nos italianos, sobre os quais a romancista Sybille Bedford — à época uma adolescente e morando na Itália — fez esse agudo retrato:

> Quando as regras são muito ruins, eles se esquivam; refugiam-se nas relações pessoais e familiares — lá você encontrará tesouros de bom comportamento, devoção e honra, assim como perseverança e coragem. Já na política são oportunistas e exibicionistas, espertos quando deveriam ser diretos, retóricos quando deveriam ir para casa e pensar, e não aprenderam a fazer acordos sem trair.

Havia decerto pouco consenso sob Mussolini. Entre outras medidas draconianas tomadas pelo *Duce*, foram abolidas as palavras estrangeiras do vocabulário nacional. "*Autista* substituiu *chauffeur*", lembra Acton, "*albergo* substituiu *hotel*, todos os Eden Parks e Eden Palaces... além dos incontáveis Albions, Bristols e Britannias, ou seja, metade dos hotéis da Itália tiveram que ser rebatizados ao estilo fascista..." Um catálogo italiano de "His Master's Voice", cujo nome foi mudado para "La voce del padrone", anuncia gravações de "Wladimiro Horowitz" e "Sergio Rachmaninoff", assim como composições de "Luigi Beethoven", "Wolfango Mozart" e "Francesco Schubert". Como era de esperar, tal xenofobia encontrou um solo fértil em Florença, com suas "English Tea Rooms" e lojas "Old England". As paredes dos edifícios estavam "cheias de rabiscos com slogans lembrando que '*La Guerra è bella*'", enquanto a valorização artificial da lira cortava pela metade a renda das mulheres inglesas, que já viviam com o dinheiro contado. Antes, Acton ficara impressionado com os "superdesocupados" que atravessavam a Via Tornabuoni "fazendo grande alarde, [invadindo] a rua para inspecionar qualquer pessoa que passasse, trocando impressões em altos brados, para todo mundo ouvir". Esses "Narcisos desempregados" agora adotavam avidamente o uniforme dos Camisas Negras, como tinham antes se afeiçoado à brilhantina, à lapela e às polainas. Os estrangeiros outrora cortejados eram agora persone non grate. Até a mãe de Acton, Hortense, foi detida certa tarde, sob a alegação de que havia um problema com seu passaporte. Por três dias e três noites a idosa sra. Acton, "em um fino vestido de verão, sem sequer uma escova de dentes" foi "encerrada entre prostitutas e outras mulheres de má reputação...".

> Nenhuma correspondência chegou até ela, salvo a insolente carta de uma mulher fascista, esposa de um crítico de arte, dizendo que ela estava recebendo o merecido, que poderia ter

> sido tratada de forma muito pior e terminando a carta com uma florida assinatura e o slogan: *Il Duce ha sempre ragione* [O *Duce* sempre tem razão]. Quando a empregada de minha mãe telefonou a um amigo influente para pedir ajuda, ele retrucou: "Mas você não compreende que estamos em guerra e que a sra. Acton é uma estrangeira inimiga?". Aquele distinto funcionário havia sido uma visita freqüente em nossa casa por um quarto de século.

Como um final para essa história, James Lord nota um detalhe que Acton, para fazer *bella figura*, deixa de lado: na realidade, o problema com o passaporte de Hortense não era uma invenção; ela alterara "a data de seu nascimento a fim de parecer dez anos mais jovem. Por que ela teria se preocupado com o fato de a alfândega ou a polícia da fronteira saberem sua idade é um mistério, mas um dado significativo deve ser buscado na vaidade e arrogância da dama em questão. Adulterar passaporte, mesmo que por uma razão tão frívola, pode ser considerado um caso sério...".

De qualquer forma, tão logo saiu da prisão, a sra. Acton partiu para a Suíça.

Quando enfim a guerra eclodiu, até os mais empedernidos membros da colônia haviam deixado a Itália, embora alguns poucos tenham se recusado a abandonar suas casas, especialmente o judeu Bernard Berenson que, no final, teve de se esconder no campo. Em seu filme autobiográfico *Chá com Mussolini*, o diretor Franco Zeffirelli retrata um grupo de senhoras de idade inglesas — do tipo a que parece estar inevitavelmente colado o adjetivo "indomável" — que permanecem em Florença depois de declarada a guerra e são, em seguida, levadas por militares a uma prisão improvisada na cidade montanhosa de San Gimignano. A cena culminante, na qual Judi Dench, Maggie Smith e Joan Plowright literalmente se interpõem entre as famosas torres medievais do vilarejo e os alemães que pretendem bombardeá-las — salvando, assim, a arte da história —, produz um espetáculo *camp* que lembra alguns dos piores excessos cometidos por Zeffirelli em sua carreira de diretor de ópera; no entanto, como ficção, também sublinha a intensidade da devoção da comunidade estrangeira ao país adotivo — e que, acreditavam, também os tinha adotado.

Afinal, as perdas mais graves foram as pontes que cruzam o Arno, algumas das quais centenárias, sendo todas elas, exceto a Ponte Vecchio, bombardeadas pelos alemães no dia 4 de agosto de 1944. Antes, o cônsul suíço, Karl Steinhauslin (que agora é nome de um banco florentino), pedira que as estátuas das *Quatro Estações* na Ponte Santa Trinità fossem poupadas, mas não foi atendido. Depois da liberação, mergulhadores vasculharam o fundo do Arno em busca das estátuas e membros do 387º Batalhão de Engenharia americano construíram pontes Bailey provisórias, feitas de madeira e aço, para restabelecer a ligação entre as duas partes da cidade cindida. Posteriormente, todas as *Quatro Estações* foram encontradas, com exceção da cabeça da *Primavera*; em *The stones of Florence*, Mary McCarthy conta que, a essa altura, começou a circular o boato de que "um soldado negro americano tinha sido visto carregando-a durante a luta e a confusão". Espalhados por toda a cidade cartazes mostravam uma fotografia da estátua com a pergunta: "Você viu esta mulher?" e ofereciam 3 mil dólares de recompensa por sua devolução. Mas a cabeça não reapareceu e, em 1958, depois que uma réplica exata da ponte foi construída com réplicas exatas das ferramentas do século XVI, as autoridades não tiveram outra opção se não retornar a *Primavera* decapitada à sua posição original no lado nordeste. (Somente três anos mais tarde, em meio a obras na Ponte Vecchio, é que a cabeça reapareceu; ela não fora, como queria o boato, contrabandeada para o Harlem ou a Nova Zelândia, nem enterrada nos jardins Boboli, mas permanecera o tempo todo no fundo do rio.)

Hoje, embora todas as pontes destruídas pelos alemães tenham sido reconstruídas, nem todas as pontes Bailey foram desmontadas; de fato, há uma perto de Galluzzo, nos arredores de Florença que atravessamos sempre que vamos para o campo. Suas tábuas de madeira rangem quando as rodas dos carros passam sobre elas; sentimos, por alguns segundos, uma inquietante vibração... e logo estamos em terra firme de novo. Toda vez que isso acontece, penso, por um momento, na libertação que, por ainda não ter nascido, não pude presenciar e em suas cenas tão conhecidas — soldados americanos oferecendo chicletes para as crianças —, assim como nas que continuam não contadas, como a dos negros do 387º Batalhão de Engenharia, proibidos de lutar por causa de sua cor e discretamente ocupados na pouco glamourosa tarefa de tornar a cidade de novo habitável. Quase não são lembrados, mas não fizeram menos para salvar Florença que outros estrangeiros, como Berenson, Henry James ou as histriônicas inglesas idosas de Zeffirelli. Oxalá sua história, em toda a sua amplitude, seja narrada um dia.

Uma cidade com rio é, por natureza, uma cidade dupla e, nesse sentido, Florença é prima de Paris, Roma e Budapeste; ou seja, em Florença, não há dois lados iguais, mas o lado principal e o "outro" lado: do mesmo modo que Roma tem Trastevere, Paris sua Rive Gauche e Buda sua Peste, Florença tem o *Oltr'Arno* — literalmente, "além-Arno" —, uma zona mais pobre, com casas pequenas, próxima do campo e freqüentada por escritores e drogados. O coração do *Oltr'Arno* é a Piazza Santo Spirito. Com suas lojas de discos usados e bares de estudantes, lembra, mais que qualquer outra parte de Florença, o Quartier

Latin de Paris, apesar da relativa distância da universidade, situada no lado principal do Arno, o sem nome, não longe da Piazza Santissima Annunziata. Aqui, um domingo por mês, agricultores de produtos orgânicos de Mugello e de Chianti, muitos deles ex-hippies que passaram a juventude nesses bares, montam uma feira onde vendem mel, velas de cera de abelha, geléia feita em casa, pão integral, roupas e objetos de couro, assim como saborosos, embora não muito bonitos, legumes e verduras. Em contraste com o Duomo e Santa Croce, a igreja de Santo Spirito, cujas austeras fachadas passaram por reformas durante o breve período em que Florença foi capital, tem um austero frontão não adornado, que lembra o ascetismo de séculos anteriores. Em 1980, uma cooperativa de artistas presidida por Mario Mariotti decidiu corrigir esse descuido, projetando para Santo Spirito vários tipos de designs de uma possível nova fachada; eles incluíam um ovo frito (Gianni Melotti), um disco mostrando Nipper, o emblema de "His Master Voice" (Gesù Moctezuma), papel de embalagem (Christo, claro) e, mais ludicamente, o interior da igreja projetado para o exterior (Marianna Gagliardi).

Agora, como antes, jovens estrangeiros amam o *Oltr'Arno*. Mesmo o amaneirado Henry James, em visita a Florença na juventude, ficou perto da Ponte Vecchio no *Oltr'Arno*. "Meu quarto na hospedaria dava para o rio e era inundado de sol o dia inteiro", escreveu.

> Havia nas paredes um absurdo papel alaranjado; o Arno, com a mesma cor de sempre, corria embaixo; e do lado oposto se erguia uma fileira de casas amareladas, extremamente antigas, que se avolumavam e avançavam sobre a corrente. (Parece que estou falando da parte da frente; mas o que eu via eram os deteriorados fundos, expostos ao alegre cintilar do rio, enquanto as frentes estavam sempre na profunda sombra úmida de uma estreita rua medieval.)

Todo este "brilho e palidez" era, para James, "parte daquela cor indefinivelmente charmosa que Florença parece sempre exibir, quando se olha para cima e para baixo do rio e das pontes e cais". Ele fala do "amarelo prateado" do Arno, cujas águas Acton descreve de modo similar, como "um suave amarelo na luz da noite; se fosse um pouco menos lamacento, passaria por vinho de Orvieto". Imagens do final do século XIX mostram crianças e rapazes pescando no rio ou saltando das pontes para nadar. Tudo isso acabou: hoje, embora canoas e botes deslizem sobre suas águas, ninguém se atreveria a dar um mergulho no Arno, e pessoas preocupadas com a própria saúde não comeriam um peixe pescado nele. Durante o período mais quente do verão, cai o nível da água, o rio fica estagnado, verde-musgo (nunca o vi amarelo) e almiscarado. Camundongos e ratazanas correm nos vaus e morcegos adejam no ar mormacento.

("*Guarda* [olha], é tão romântico, a lua cheia e os *topi* [ratos] nadando no rio!", ironiza nosso amigo de Cosenza, o que gosta de se vestir como o cardeal Richelieu.) No inverno, por outro lado, quando chegam as chuvas, o Arno tem cor de *cappuccino*; corre violentamente, carregando galhos de carvalho e nogueira rio abaixo desde sua fonte no Mugello.

As inundações são uma ameaça permanente. Embora o Arno tenha transbordado em dezenas de ocasiões ao longo dos séculos, as piores enchentes têm acontecido a cada cem anos, normalmente aquele com dois ou três dígitos repetidos: 1333, 1466, 1557, 1844, 1966. (O supersticioso florentino já prevê outro desastroso *alluvione* em 2055 ou 2077.) Essas enchentes podem começar com um pequeno, ou nenhum, aviso. A de 4 de novembro de 1966 começou na noite anterior com uma chuva forte e só se tornou uma ameaça nas primeiras horas da manhã. Às duas da madrugada, os proprietários de algumas joalherias na Ponte Vecchio, alertados por um vigia noturno, correram a suas lojas para salvar o que podiam de seu estoque. Temia-se que a velha ponte pudesse desmoronar, embora tivesse sobrevivido perfeitamente a outras enchentes e à guerra. Mais tarde, um comerciante contou ter visto um Fiat 1100 se chocar contra a janela de sua loja.

Mais de 15 mil carros foram destruídos durante a enchente. Talvez porque o florentino médio, em 1966, se orgulhasse da posse de um carro — ainda que fosse um minúsculo

Fiat 500 cor de abóbora —, as cenas da televisão filmadas logo depois da catástrofe apresentavam uma curiosa obsessão, ignorando as igrejas e os monumentos para se deterem em cada carro: carros virados, boiando, cheios de lama e óleo. Havia algo de fúnebre nos registros fotográficos, as imagens dos carros destruídos lembravam as fotos dos mortos que os italianos costumam colocar nos túmulos.

Deu-se menos atenção aos danos infligidos às obras de arte, embora fossem de conseqüência mais grave, já que os carros são substituíveis e os afrescos renascentistas, não. Um catálogo preparado pela Unesco oferece uma prova impressionante da gravidade das perdas: 321 pinturas em madeira, 413 em tela, onze séries de afrescos, setenta afrescos individuais (perfazendo um total de cerca de 3 mil metros quadrados de afrescos), catorze grupos de esculturas, 144 esculturas individuais (incluindo várias de Michelangelo), 22 das quais de madeira; no total, cerca de mil obras da maior importância histórica. As águas revoltas, que atingiram uma altura de quase seis metros no interior do Duomo, racharam as portas de bronze do Batistério. Quando baixaram, restou uma mistura lamacenta e corrosiva de óleo para calefação e lodo, em alguns lugares chegando a quatro pés de profundidade; nesta *melma*, muitos dos painéis de bronze de Ghiberti foram encontrados encharcados no dia seguinte.

Às vezes, os efeitos da *melma* eram estranhamente dramáticos. Como escreveu Guido Gerosa, em virtude da enchente a estátua de Madalena de Donatello "foi transformada numa máscara de lama... As monstruosas manchas de diesel que encrespavam seus longos cabelos soltos pareciam intensificar, paradoxalmente, seu olhar de dramático desespero". O mesmo não se podia dizer do famoso Crucifixo de Cimabue, em Santa Croce, encontrado em pedaços. E as pinturas não foram as únicas preciosidades que sofreram danos. Uma foto tirada do Teatro Comunale mostra um piano Steinway inchado pela submersão e coberto de lama endurecida. Na Biblioteca Nazionale, a inundação atingiu mais de 700 mil livros e manuscritos raros, assim como coleções de jornais e revistas, tudo arquivado no subsolo. Neste ponto em particular, muitas críticas foram feitas às autoridades florentinas, cuja decisão não só de construir a biblioteca junto às margens do rio (uma localização absurdamente vulnerável), mas de abrigar raridades em seu subsolo, provocou o espanto e a indignação tanto de italianos como de estrangeiros. Pela primeira vez desde a época em que Ruskin protestara contra a construção de uma parada de ônibus em frente à torre do sino, a jamesiana "questão florentina" — sobre se os florentinos eram confiáveis na guarda de seu próprio patrimônio — foi revivida com escarcéu. Em Londres, Sir Ashley Clarke rapidamente criou o Italian Art and Archives Rescue Fund [Fundo de Auxílio à Arte e aos Arquivos Italianos], que enviou a Florença o restaurador Nicolai

Rubinstein e o historiador de arte John Pope-Hennessy para uma avaliação dos prejuízos. Mais tarde, Pope-Hennessy lembraria ter encontrado a *Annunziazione dei Cavalcanti*, de Donatello, na nave de Santa Croce, "banhada em óleo até o nível dos joelhos da Virgem".

Além de Santa Croce, os claustros de Santa Maria Novella e de Ognissanti foram inundados até a altura de quatro metros. Houve danos na Casa Buonarroti e no Museu Horne, assim como no Museu de História da Ciência, no Museu Arqueológico, no Bargello e nas oficinas de restauro no andar térreo da Uffizi.

Enquanto a televisão italiana continuava a concentrar compulsivamente sua atenção nos carros destruídos, tanto dentro como fora da Itália, começou a tomar corpo um movimento de resgate espontâneo. Os milhares de homens e mulheres, a maioria jovens, que foram a Florença como voluntários para retirar o lodo ficaram conhecidos depois como os *angeli del fango*, os anjos da lama. (Entre eles estava o pianista Sviatoslov Richter.) O senador Edward Kennedy, que se encontrava em Genebra quando ocorreu a enchente, lembra ter tomado um avião para Florença no mesmo dia. Ao chegar à biblioteca por volta das cinco da tarde, descobriu uma massa de estudantes com água até a cintura, trabalhando à luz de velas. "Haviam formado uma fila para retirar os livros e passá-los de mão em mão", escreveu, "de modo que estes eram levados a um lugar seguro, onde lhes aplicavam conservantes."

Para onde quer que eu olhasse na grande sala de leitura, havia centenas e centenas de jovens reunidos para ajudar.

Era como se eles soubessem que a inundação da biblioteca tinha colocado suas almas em perigo. Achei incrivelmente inspirador ver aquela jovem geração unida naquele esforço vital... Eu ainda tremia quando tomei o avião de volta a Genebra, mas não pude deixar de pensar na impressionante solenidade da cena — todos aqueles estudantes, indiferentes ao frio penetrante e à água lamacenta, concentrando-se discretamente em salvar livros à luz bruxuleante das velas. Nunca esquecerei aquilo.

Em 1996, no 30º aniversário da enchente, a Legambiente italiana, usando a internet como ferramenta, lançou um apelo internacional para localizar os anjos da lama e convidá-los para voltar a Florença. Foram solicitados depoimentos, muitos deles de gente simples. Marika Spence Sales, então estudante na McGill University, em Montreal, escreveu que depois da enchente ela e catorze colegas foram para Florença por iniciativa própria. Tão logo chegaram, foram enviados à Biblioteca Nazionale. "Trabalhamos em um sistema de linha de montagem, de sete a oito horas por dia", escreve, "para proteger os livros encharcados com papel absorvente. Ficamos três meses na Biblioteca Nazionale. Deram-nos comida, alojamento e almoço na cantina municipal. Como fazia muito frio na biblioteca, minha universidade nos enviou pacotes com botas Wellington e roupas quentes... Nossas famílias, por sua vez, nos enviaram alimentos não perecíveis, como leite em pó e comida enlatada."

Spence Sales conheceu seu futuro marido enquanto estava em Florença e ficou na Itália. O mesmo aconteceu com Susan Glasspool, que acabara de chegar da Inglaterra para estudar na Academia de Belas-Artes quando aconteceu a enchente. "Eu estava morando em Trespiano, fora de Florença", lembra ela, "e naquela manhã um desmoronamento bloqueara a estrada perto de casa. Não percebemos que houvera uma enchente e pensamos que o mau tempo é que provocara o corte de energia, telefone e água. A proprietária da casa ouviu falar, de alguma forma, que algo sério havia ocorrido em Florença e me perguntou se eu poderia levá-la de carro até lá, para ver se seus parentes precisavam de alguma ajuda."

Quando chegaram a Florença, encontraram uma cidade praticamente paralisada; Glasspool, em particular, ficou impressionada com o fato de que a Ponte Vecchio, "que estava completamente obstruída por três troncos de árvore", ainda se mantinha de pé. Ela foi logo incorporada aos trabalhos, "retirando a lama dos subterrâneos da universidade na Piazza Brunelleschi, ou ajudando a limpar os arquivos da Uffizi, da Academia ou de outras partes da universidade". John

Schofield, que viajou de Londres a Florença por conta própria depois da enchente, trabalhou primeiro no Museo dell'Opera del Duomo e depois na Limonaia dos jardins Boboli, que haviam sido "transformados para a secagem controlada, estante por estante, de pinturas danificadas". Sob a supervisão do historiador de arte Ugo Baldini, Schofield — que abraçaria depois a carreira de restaurador — aprendeu a "tratar os pacotes das pinturas contra fungos multicoloridos e virulentos. Paulatinamente eu removia com cuidado a lama endurecida e procedia, por partes, ao tratamento com fungicida da superfície pintada de todos os quadros — uma tarefa que não deixava tempo nem para uma visita à Uffizi!".

Em geral, pode-se dizer que os florentinos saudaram os anjos da lama tão calorosamente quanto às tropas da libertação que entraram na cidade depois da guerra; alguns, no entanto, viam-nos como pouco mais que hippies parasitas. Amy Centers, produtora americana de um "guia de vida" online de Florença, descreve um estudante chamado Mario, que era adolescente e vivia perto de Santa Croce quando ocorreu a enchente. "Florença em 66 ainda não vira o movimento hippie", escreve ela, "e aquela massa de adolescentes de cabelos compridos, com tatuagens, que fumavam maconha e usavam sandálias, roupas *tie-dye* [com estampas manchadas e multicoloridas] e shorts cortados de calças jeans, chocou a população local. Pessoas do mundo inteiro invadiram a cidade para oferecer ajuda, mas, como ficou claro, boas intenções era mais ou menos tudo o que tinham. Como vinham com pouco dinheiro e sem lugar para ficar, os italianos eram obrigados a alojá-los e alimentá-los. Mario disse que por toda parte lhe davam pão, que ele aceitava para não parecer mal-educado. No fim da noite, chegava em casa com montanhas de pão, que enchiam a sala."

E, no entanto, o grande mérito cabe aos estudantes, que, não importa que roupas usavam e quanto pão comiam, chegaram a Florença por uma única razão: ajudar. Em 1966, Catherine Williams, de Bradenton, Flórida, estava passando seu ano de estudo no exterior no campus da Florida State University em Florença, que acabava de ser inaugurado. O dia anterior à enchente, conta ela, fora "úmido e deprimente — eu passara o dia em Fiesole com um amigo e voltara debaixo de chuva para o hotel. Na manhã seguinte soubemos que o Arno havia transbordado — a inundação chegou até nossa rua [Via Aprile] e parou —, não havia luz nem água. Saímos para explorar os arredores e encontramos carros presos nos postes, lama grudada nos edifícios — lama, lama por toda parte".

Nos dias seguintes, Williams aprendeu a escovar os dentes com água gaseificada. Ela e os colegas "ficavam na fila da água distribuída por tanques militares e passaram dias no andar térreo da biblioteca", tomando parte na famosa corrente humana que o senador Kennedy evoca em suas memórias. "Festejei meus vinte anos em uma Florença inundada", escreveu ela depois de saber da reunião da Legambiente. "Não posso imaginar lugar melhor para festejar os meus cinqüenta."

Quando Mark e eu fomos morar em Florença em 1993, uma amiga nossa sugeriu que eu escrevesse um perfil do recém-nomeado Sir (e já bastante idoso) Harold Acton para a revista *The New Yorker*. Eu recusei, como também recusei vários contatos que se ofereceram para me apresentar a Sir Harold, e em fevereiro do ano seguinte ele morreu. Oportunidade perdida — e totalmente por causa de minha resistência. E, no entanto, verdade seja dita, nunca me arrependi disso, como não me arrependi de não ter ido visitar Hugh Honour e John Fleming, famosos historiadores da arte que moravam perto de Lucca, que uma centena de amigos se ofereceu para nos apresentar; ou de não aceitar o convite de Gil Cohen e Paul Gervais, um rico casal americano mais conhecido, nos maledicentes círculos homossexuais, como "Pill* e Gil", para passar um fim de semana em sua mansão, também perto de Lucca; ou de nunca ter conseguido uma visita particular aos palácios dos vários Corsinis, Ruccelais e Frescobaldis, as princesas, barões e *marchesi*, o que constituiu, desde tempos imemoriais, ou pelo menos desde Henry James, a ambição cultivada pelos expatriados... O fato é que nem Mark nem eu nunca estivemos muito interessa-

* *A pill*, em gíria americana, significa "um chato". (N.T.)

dos em conhecer pessoas nobres ou famosas apenas porque eram nobres ou famosas. Nesse sentido, diferíamos radicalmente da imensa maioria dos estrangeiros estabelecidos em Florença, para quem ficar recitando nomes notáveis nas categorias "conheceu", "jantou com", "recebeu cartas de", "foi convidado a tomar um drinque por" e "dormiu com" constituía uma atividade essencial e absorvente — um antídoto para as longas noites de inverno e sufocantes tardes de verão. Acton era emblemático dessa tendência; embora na velhice tivesse se tornado um ícone por seus próprios méritos (ainda que de imitação), na juventude era apenas um jovem à procura do consagrador beijo da fama, planejando sua vida — era a impressão que dava às vezes — para ter algo que contar mais tarde em suas memórias. Era seduzido pela "sociedade", pelas lisonjas dos Emerald Cunards e Sybil Colefaxes da vida, e, para assegurar sua aprovação, concedia a si mesmo uma fatal isenção da regra do rigor e do respeito pela verdade. Nenhum escritor pode se permitir tanta polidez, se pretende ser lembrado como algo mais que um "personagem".

Cresci na Califórnia, em uma cidade universitária regida por uma etiqueta bem menos intimidante do que a vigente na Florença de Acton, e que minha mãe, que nunca suportou os tolos, ridicularizava sempre que podia. Americano até a raiz dos cabelos, e já meio famoso, cheguei a Florença sem saber quem era a Principessa Giorgiana Corsini, e nem um pouco preocupado em como "descolar" um convite dela para um almoço. Mark era do mesmo estilo; nos considerávamos filhos de Forster, e para Forster a "sociedade" nunca foi a área de interesse que foi para Acton e James. Ao contrário, era a Florença dos florentinos que queríamos conhecer, os bares e os restaurantes "autênticos". Quem se importava em ser convidado para o chá em La Pietra? Aliás, para que tomar chá se podíamos tomar *cappuccino*? Por isso nunca fomos lá, nunca comemos os famosos sanduíches finos nem participamos das visitas aos jardins que o próprio Acton às vezes promovia. Mas outros foram; até a morte dele, visitantes com bons contatos, amigos de amigos, iam a La Pietra pela única e exclusiva razão de, mais tarde, poderem dizer que tinham tomado chá e visto a *villa* e seu lendário ocupante "preservado — ou preso — dentro dela", como escreveu James Lord, "como um esplêndido lepidóptero pré-histórico em uma gema de âmbar". O medo de Acton era ser lembrado apenas por sua mansão, não por seus livros, mas, como observa Lord, os nomes dos colecionadores — os proprietários — não possuem o mesmo dom de permanecer em nossa memória como os dos artistas. E a triste ironia é que, a longo prazo, Acton provavelmente não será lembrado por sua escrita nem por sua mansão; ao contrário, será lembrado, se for, como modelo para o personagem Anthony Blanche em *Brideshead revisited*; justamente a mancha que ele mais quis apagar.

Dito isso, nos primeiros dias de nosso idílio florentino até tivemos contato com duas das relíquias remanescentes da sociedade, ambas hoje falecidas. A primeira foi Joan Haslip. Embora tivesse vivido em Florença desde a juventude, como muitos anglo-florentinos, Haslip nunca aprendeu a falar italiano. Sua mãe, que era meio-austríaca, meio-eslava, trouxe-a para cá junto com a irmã, Lallie, depois da morte do pai, George Ernest Haslip. (Lallie acabou casando com Pifi Gomez, o prefeito de Florença no regime do *Duce*.)

Só estivemos com ela uma vez, quando fomos convidados, com uma hora de antecedência, para um almoço no Hotel Helvetia-Bristol, um cinco estrelas, oferecido por Fausto Calderai — um expert em móveis e peça-chave da sociedade florentina. Autora de numerosas biografias — entre elas, as de Maria Antonieta, Madame du Barry, Lucrécia Borgia, Catarina, a Grande, Elizabeth da Áustria (*The lonely empress*) e Lady Hester Stanhope — ela estava agora no início de seus oitenta anos. Decididamente pobre — como a maior parte dos anglo-florentinos, nunca adquirira propriedades —, vivia modestamente em uma pequena casa na propriedade de sua amiga Costanza Ricasoli-Romanelli, servida por empregados tão velhos quanto ela e cercada da mobília da família para qual esperava encontrar um comprador que lhe permitisse usá-la até sua morte.

Depois de uns drinques, Fausto perguntou-lhe como se sentia. "Meus dois melhores amigos estão à beira da morte."

(Ela se referia a Acton — que não lhe deixou nada no testamento — e John Pope-Hennessy.) A própria Haslip estava com artrite e quase cega, mas quando a Principessa Corsini, outra convidada para o almoço, sugeriu-lhe usar uma cadeira de rodas, ela afastou a idéia com o mesmo gesto que usava para manter o cabelo arrumado — embora Florença estivesse cheia de jovens ávidos de história, que teriam dado tudo para levá-la a passear pela cidade. Afinal de contas, ela continuava sendo uma *raconteuse* brilhante, cheia de segredos sobre a realeza e esmeraldas contrabandeadas. Seu espírito vivo e sedutor dava a entender o que fora a Via Tornabuoni em sua juventude — naquela época em que, nas palavras de Acton, as ruas eram "aureoladas com aventuras à la Ouida", e quando ela escrevera um ofegante romance sobre Florença, *Grandfather's steps* (dedicado a Lallie), assim como um poema, *Peonies and magnolias*, publicado em edição limitada pela Centaur Booklets, e do qual são típicos os versos seguintes:

Luigi, Gianni, Mario
In pink and lilac shirts.
They are the vital topics,
The season's fav'rite flirts.

[Luigi, Gianni, Mario,
De camisa lilás-rosada.

São o assunto do dia
E os gatos da temporada.]

Quando Michaem Mallon, amigo de Pope-Hennessy a quem Haslip legou sua biblioteca, perguntou se ela pensava escrever ficção de novo, ela disse que não valia a pena: ninguém mais estava interessado em ler romances sobre a alta sociedade.

Mas não desistira de escrever biografias. No Helvetia-Bristol, alguém (talvez o cônsul francês) perguntou se ela estava trabalhando em algo novo. "Estou fazendo as irmãs de Napoleão", respondeu, "e elas estão se comportando *exatamente* como as princesas reais." (Isso foi antes de uma princesa real morrer em um acidente automobilístico e outra se tornar porta-voz dos Vigilantes do Peso.)

Mais tarde, quando Fausto contou-lhe (erroneamente) que Mark era neto de Margaret Mitchell, ela ficou entusiasmada. "É meu filme favorito", disse. "Diga-me uma coisa: vocês ainda vivem do que ganharam com ele?"

O outro melhor amigo de Haslip, Sir John Wyndham Pope-Hennessy (carinhosamente conhecido como "the Pope" ["o Papa"]), faleceu no Halloween daquele ano, o que pareceu singularmente apropriado, considerando-se sua lendária frieza; afinal, este era o homem que lembrava uma visita ao necrotério para identificar o corpo de seu irmão James — morto espancado por prostitutos em um dúplex da Ladbroke Grove (outra flecha em seu flanco, Labouchère!) — com as seguintes palavras: "Fiquei chocado com a dissoluta, quase má, expressão de seu rosto. Era como se estivéssemos participando de uma tragédia jacobiana".

Embora tivesse passado os verões na cidade por quarenta anos, Pope-Hennessy era um relativo novato na colônia residente em Florença e aqui se fixou apenas em 1986. (Antes vivera em Nova York, onde foi consultor-chefe no Departmento de Pinturas Européias no Metropolitan Museum of Art, de Nova York, e antes disso em Londres, onde foi diretor do Museu Victoria e Albert e do Museu Britânico.) Em Florença, alugou um apartamento imenso no Palazzo Canigiani, na Via de' Bardi, famoso por causa do romance *Romola*, de George Eliot. Com sua magnífica *loggia* que dava para o Arno e Fiesole, o apartamento respirava estilo e elegância culta, aos quais os anglo-florentinos de um século antes se haviam acostumado tão rapidamente: no fim do século XIX um castelo podia custar menos que uma jarra maiólica antiga. Havia vários quadros "importantes", e muita mobília "importante", incluindo uma mesa redonda de pórfiro e cerejeira que cobiçávamos intensamente. No entanto, o detalhe mais memorável do apartamento não era de maneira alguma imponente: tratava-se de uma curiosa janelinha em um dos corredores, que começava na metade da parede e terminava no piso, de modo que era possível sentar-se no carpete e balançar as pernas do lado de fora.

Em seus anos no Victoria & Albert, Pope-Hennessy adquirira uma reputação de severidade, até de brutalidade, mas vimos pouco essa faceta de seu caráter nas ocasiões em que estivemos com ele. Então frágil e doente, limitava-se a presidir numerosos chás e almoços. Nessas reuniões prevalecia uma qualidade absolutamente "inglesa", o que era surpreendente dado seu status de auto-exilado. (Michael Mallon contou-nos que Pope-Hennessy retornou a Londres apenas três vezes depois de 1986.) Mesmo em dias de calor, eram servidos chá quente, sanduíches e biscoitos finos. Como a maioria das residências italianas, o apartamento não possuía ar-condicionado, mas não pela razão que os italianos costumam invocar: o ar-condicionado é prejudicial à arte e à mobília. Os convidados, em sua maioria ingleses e americanos, se reuniam na sala de estar — onde o quadro *A Madonna e o menino com o infante São João Batista e Santa Catarina de Siena*, de Rutilio Manetti, pendia sobre a lareira — ou conversavam na sala de jantar, sob a vista de *O lago de Genebra*, de Simon Malgo; depois da morte de Pope, o quadro foi vendido pela Christie's por 178 500 dólares.

Era difícil reconhecer em nosso octogenário o feroz defensor de "critérios", que brigara tão irascivelmente com Roy Strong, seu sucessor no Victoria & Albert, ou o crítico que declarou, certa vez, que para ele os objetos eram mais importantes do que as pessoas, ou mesmo o lendário *provocateur* que ficou escandalizado com a aspereza de Mary McCarthy (o carvão chamando o piche de preto!). De fato, apenas em uma ocasião esse lado de sua personalidade se manifestou em nossa presença. Acabáramos de sentar para almoçar quando ele casualmente mencionou que Sir Stephen Spender e sua esposa Natasha haviam sido seus hóspedes na semana anterior. Pope-Hennessy evidentemente sabia que Spender me processara uns meses antes, a propósito de um romance que eu escrevera. "Suspeito que sou a única pessoa no mundo a almoçar com Spender e com Leavitt na mesma semana", disse, com um risinho.

Como Acton, como Scott Moncrieff, como tantos anglo-florentinos, Pope-Hennessy era um católico convertido. Assim, sua missa fúnebre teve lugar em uma pequena igreja na Piazza Santissima Annunziata (e não na *grande igreja* da Santissima Annunziata, onde por gerações as famílias florentinas têm celebrado seus casamentos, batismos e crismas; isso seria demasiado exibicionismo). Menos pessoas do que esperávamos acompanharam o enterro. Shirley Hazzard, a romancista, veio de Nápoles, onde seu marido, Francis Steegmuller, falecera apenas uma semana antes. O crítico musical Andrew Porter veio de avião de Londres, e Everett Fahy, diretor do Departamento de Pinturas Européias no Metropolitan Museum of Art, de Nova York. Thekla Clark, antiga residente americana de

Florença, que tem no prelo memórias que tratam de seus amigos W. H. Auden e Chester Kallman, veio de carro de Bagno a Ripoli. Como esperado, muitos membros da aristocracia florentina marcaram presença, tal como vários jovens (e outros não tão jovens) exemplares daquela espécie de homossexual italiano cuja principal ambição parece ser fazer parte da nobreza. Os olhares foram cuidadosamente evitados, uma missa foi dita, poucas palavras foram pronunciadas.

Mais tarde, na Robiglio, uma boa *pasticceria* não afastada da modesta igreja, os esplendores de Florença não poderiam estar mais distantes, embora o Duomo aparecesse, surpreendente como sempre, no final da Via dei Servi. A discussão sobre dificuldades urbanas — poluição, trânsito, turistas — se ouvia na atmosfera recendendo a café junto com fumaça de cigarro, e o coro: "É o fim de uma era". Pois a morte de Pope se seguira em rápida sucessão às de Acton (em fevereiro) e Haslip (em julho).

E era realmente o fim de uma era: em menos de um ano, a famosa colônia anglo-florentina, que florescera e declinara e florescera e declinara ao longo de 150 anos, perdera seus últimos três monumentos.

Naturalmente, ao reler os parágrafos anteriores, impressiona-me a que ponto pareço ter adotado, sem querer, o tom do memorialista anglo-florentino que eu mesmo achei conveniente criticar no começo. Ao descrever o enterro de Pope-Hennessy, por exemplo, que nomes mencionei? Aqueles que são mais reconhecíveis. E, em todo o caso, por que estou escrevendo sobre Pope-Hennessy em primeiro lugar, considerando que me encontrei com ele apenas umas poucas vezes e que poderia ter escrito sobre qualquer outra pessoa? Ainda hoje é difícil evitar, no cenário florentino, o defeito da colônia: a obsessão com títulos nobiliárquicos e fama; ela é tão integrada à vista geral que, por assim dizer, pressiona a lente e se torna parte de quem vê.

A chave da história dos estrangeiros de Florença, como a chave de Florença, está no caráter provinciano da cidade; um dia muita coisa aconteceu aqui, mas isso foi há muito tempo e, no último século e meio, à medida que Florença se tornava mais e mais um museu, seus moradores estrangeiros — muitos dos quais começaram como observadores — passaram a ser vistos, paulatinamente, como parte do espetáculo. "Em vez de enfrentar a incerteza do futuro na Inglaterra", escreve James Lord, Acton "fugiu para o outro lado da terra... E quando ficou tarde demais para uma apoteose grandiosa e radical, ele se viu entrando pela porta de trás da mansão, na qual, finalmente, se confinaria como a lendária personalidade conhecida como Sir Harold Acton." Para a personalidade lendária, como para a maioria dos membros da colônia, Florença traiu sua própria promessa de liberdade inconcebível em outras plagas, a miragem de realização (o indefinível "algo" de George Emerson) perdida na distância, e o paraíso dos exilados revelou-se como era na realidade: a mais elegante, charmosa e confortável das prisões.

Para o leitor médio, não posso recomendar melhor guia de Florença que *Florence: the biography of a city*, de Christopher Hibbert (Viking, 1993). Essa história, ricamente ilustrada, não apenas me forneceu uma constante fonte de referência como apontou o caminho para outros textos que se revelaram úteis, sobretudo *The fine and the wicked: the life and times of Ouida*, de Monica Stirling (Gollancz, 1957), e *The art of adventure*, de Eric Linklater (Macmillan, 1947). Hibbert foi também a fonte das citações de Walter Savage Landor and William Holman Hunt sobre os "os fedores" de Florença, de Henry James sobre Vernon Lee e de Luca Landucci sobre o primeiro traslado do *Davi*. Finalmente, uma imagem fascinante do segundo traslado do *Davi*, reproduzida por Hibbert, estimulou minha pesquisa sobre o assunto.

Comecei meu estudo da colônia anglo-florentina lendo os únicos dois livros existentes a respeito em inglês: *Paradise of exiles: Tuscany and the British*, de Olive Hamilton (André Deutsch, 1974), e *The divine country: the British in Tuscany 1372-1980* (André Deutsch, 1982), do mesmo autor. Consultei também *Anglo-Fiorentini di cento anni fa*, de Giuliana Artom Treves (Sansoni, 1953; reimpressão 1982).

Embora muitos romances tenham Florença como cenário,

nenhum se iguala, creio eu, a *A room with a view*, de E. M. Forster (1908; reimpresso pela Abinger Edition, 1978), no que diz respeito a seu perceptivo retrato do caráter da cidade. Outros romances que têm Florença como cenário aos quais recorri são *The portrait of a lady*, de Henry James (1881; reimpresso pela Penguin, 1984), *Indian summer*, de William Dean Howell (1886; reimpresso na Library of America, 1982), *Aaron's rod*, de D. H. Lawrence (1922; reimpresso pela Penguin, 1976), e *The ant colony*, de Francis King (Constable, 1988). "The soul's gymnasium", de Harold Acton, provém da coletânea *The soul's gymnasium and other stories* (Hamish Hamilton, 1982). Embora não diretamente relacionado com Florença, *Jigsaw: a biographical novel*, de Sybille Bedford (Alfred A. Knopf, 1989), oferece um panorama perspicaz da ascensão do fascismo italiano, digno da atenção de qualquer leitor interessado no período.

Wings, romance de Mikhail Kuzmin, de 1906 (tradução de Michael Green, Ardis, 1980), ofereceu uma perspectiva fascinante sobre a colônia russa em Florença, da mesma forma que os diários de Nazar Litrov citados em *Tchaikovsky through others' eyes*, organizado por Alexander Poznansky (Indiana University Press, 1999). Sobre a passagem de Vladimir de Pachman por Florença, aprendi muito com *Vladimir de Pachmann: a life observed*, de Mark Mitchell (Indiana University Press, no prelo).

As memórias escritas pelos ou sobre os estrangeiros em Florença são uma legião. As que mais me ofereceram subsídios foram *Memoirs of an aesthete* (Methuen, 1948) e *More memoirs of an aesthete* (Hamish Hamilton, 1970), de Harold Acton, e *Adventures of a bookseller*, de G. Pino Orioli (edição do autor, 1937). Em *The cosmopolites: a nineteenth-century family drama*, de Harry Brewster (Michael Russell, 1994), encontrei as observações de Adolf von Hildebrand sobre Vernon Lee, assim como as de Lisl von Herzogenberg sobre Clara Schumann; por outro lado, *Remarkable relations: the story of the Pearsall Smith family*, de Barbara Strachey (Gollancz, 1980), foi a fonte para algumas informações a respeito de Mary e Bernard Berenson, Maud Cruttwell e "os Mikes". Também li as extraordinárias recordações de James Lord sobre sua amizade com Harold Acton, "The cost of the villa", incluído em *Some remarkable men: further memoirs* (Farrar, Straus, Giroux, 1996); *Yesterday came suddenly*, de Francis King (Constable, 1993); *Private view*, de Jocelyn Brooke (James Barrie, 1954); e *Learning to look*, de John Pope-Hennessy (Heinemann, 1991). Os versos de "Variations on Sappho", de Michael Field, foram encontrados em *The Penguin book of homosexual verse*, organizado por Stephen Coote (Penguin, 1983).

Obtive uma perspectiva multigeracional da colônia anglo-florentina por meio da leitura de *The fourth generation*, de Janet Ross (Constable, 1912), de *Castle in Italy*, de sua filha Lina Waterfield (Thomas Y. Crowell, 1961), e de *A Tuscan childhood*, de sua neta Kinta Beevor (Viking, 1993). Um interessante remate ao meu relato sobre as rixas anglo-florentinas foi a campanha montada em 1993 por Beevor e seu filho, Antony, para forçar a escritora Joanna Trollope a recolher um romance que ela acabara de publicar sob o pseudônimo de Caroline Harvey. Segundo os Beevors, o romance, *A castle in Italy*, coincidia demasiado com a vida e as memórias de Lina Waterfield. Seus esforços sugerem que o gosto dos anglo-florentinos por polêmicas e conflitos, assim como sua tendência a ver a história pessoal como propriedade pessoal, não diminuiu em nada no curso de um século.

As passagens de Henry James sobre Florença foram tiradas de três ensaios de seu livro de 1909 intitulado *Italian hours*, republicadas na Library of America: "The autumn in Florence" (1873), "Italy revisited" (1877) e "Two old houses and three young women" (1899). As passagens de John Ruskin que Henry James tanto desaprovou pertencem a *Mornings in Florence: being simple studies of christian art for English travellers* (Orpington, 1875-77). Todas as citações de Walter Pater provêm de *Studies in the history of the Renaissance*, publicado originalmente em 1873. Minha edição (Senate, 1998) foi baseada no texto de 1893, o último revisado pelo próprio Pater. As observações de George Eliot e do reverendo John Wordsworth sobre Pater estão em *Walter Pater: lover of strange souls*, de Denis Donoghue (Alfred A. Knopf, 1995).

Biografias de escritores, artistas e políticos que visitaram ou viveram em Florença ofereceram uma miríade de informações. Entre as mais ricas está *Iris Origo: marchese of Val d'Orcia*, de Caroline Moorehead (John Murray, 2000). Consultei também *Seeing Mary plain: a life of Mary McCarthy*, de Frances Kiernan (W. W. Norton, 2000); *Evelyn Waugh: a biography*, de Selena Hastings (Sinclair-Stevenson, 1994); *Oscar Wilde*, de Frank Harris (publicado em 1916, reimpresso por Robinson, 1992); *Oscar Wilde*, de Richard Ellmann (Hamish Hamilton, 1987); *Labby: the life and character of Henry Labouchère*, de Hesketh Pearson (Harper, 1937); *John Horne Burns: an appreciative biography*, de John Mitzel (Manifest Destiny, 1974); e *Ronald Firbank*, de Miriam J. Benkowitz (Alfred A. Knopf, 1969). Uma nova biografia de Firbank, de Richard Canning, está no prelo. Os romances de Firbank que cito no livro são *The flower beneath the foot* e *Sorrow in sunlight*, também conhecido como *Prancing nigger* (1924). Ambos estão incluídos no volume *Five novels* (New Directions, 1981). Todas as passagens da correspondência e dos diários de Firbank provêm de Benkowitz.

Os poemas de Osbert Sitwell sobre os anglo-florentinos estão em *Poems about people, or England reclaimed* (Hutchinson, 1958). Ademais, faço citações de *Noble essences* (Macmillan, 1950), o último dos cinco volumes das memórias de Sitwell, intituladas *Left hand, right hand!*.

Os livros de receitas mencionados são *The fruits, herbs and vegetables of Italy: an offering to Lucy, countess of Bedford*, de

Giacomo Castelvetro, escrito quando ele estava exilado na Inglaterra, no início do século XVII (tradução de Gillian Riley, Viking, 1989), e *Leaves from our Tuscan kitchen*, de Janet Ross, revisado por Michael Waterfield (Penguin, 1977). Para aqueles que quiserem saber mais sobre a cozinha toscana, recomendo o clássico de Pellegrino Artusi, *La scienza in cucina e l'arte del mangiar bene* (publicado em 1891 e reeditado pela Einaudi em 2001).

A fonte mais autorizada sobre a atitude dos florentinos em relação à homossexualidade é *Forbidden friendships: homosexuality and male culture in Renaissance Florence*, de Michael Rocke (Oxford University Press, 1996). *The other love: an historical and contemporary survey of homosexuality in Britain*, de H. Montgomery Hyde (Heinemann, 1970), é rico em informações úteis sobre homossexuais ingleses que fugiram para Florença, assim como sobre a Emenda Labouchère e seus detalhes jurídicos. Igualmente valioso foram *The Cleveland Street scandal*, de Hyde (Coward, McCann & Geoghegan, 1976), *Love in earnest*, de Timothy d'Arch Smith (Routledge and Keegan Paul, 1970), e *The intersexes*, de Edward Prime-Stevenson, publicado sob o pseudônimo de Xavier Mayne (reimpresso pela Arno, 1975).

A epígrafe é tomada de *The memoirs of John Addington Symonds*, editado por Phyllis Grosskurth (Hutchinson, 1984). Uso *The life of Michelangelo Buonarroti*, de Symonds (Modern

Library, 1928), na seção sobre o traslado do *Davi*, para a qual minha outra fonte importante foi *The place for David: the Accademia, Michelangelo, the nineteenth century*, organizado por Franca Falletti (Sillabe, 1997). Para as seções sobre Florença durante a Segunda Guerra Mundial e na enchente de 1966, utilizei *Firenze, guerra e alluvione*, de Paolo Paoletti (Becocci, 1991), e uma série de sites da internet, com destaque para
<www.qmfound.com/black service units in combat.htm>,
<www.homestead.com/florence101/italyupdate.html>
e *<www.mega.it/allu/eng/rispts.htm>*.
Sobre os anjos da lama foi escrito um romance, *The sixteen pleasures*, de Robert Hellenga (Soho, 1994).

Encontrei fotos (de Massimo Listri) das imagens projetadas pelos artistas na fachada do Santo Spirito em *Piazza S. Spirito*, de Mario Mariotti (Alinari, 1981).

Finalmente, seria imperdoável não recomendar *The stones of Florence*, de Mary McCarthy (Harcourt Brace, 1959), uma das poucas reações genuinamente literárias geradas pela cidade. O livro é mal-humorado e unilateral, às vezes de modo constrangedor, mas me encanta sempre.

David Leavitt é autor de vários romances e coletâneas de contos. Suas mais recentes publicações são: *Martin Bauman; or a sure thing* e *The marble quilt*. Escreveu, com Mark Mitchell, dois livros sobre a Itália: *Italian pleasures* e *In Maremma*. Foi agraciado com bolsas de Guggenheim Foundation e do National Endowment for the Arts. Recentemente recebeu o título de Literary Lion da New York Public Library. Divide seu tempo entre a Toscana e Gainesville, Flórida, onde leciona na Universidade da Flórida.

ESTA OBRA FOI COMPOSTA EM FILOSOFIA POR RAUL LOUREIRO,
PROCESSADA EM CTP E IMPRESSA PELA RR DONNELLEY AMÉRICA LATINA
PARA A EDITORA SCHWARCZ EM SETEMBRO DE 2002

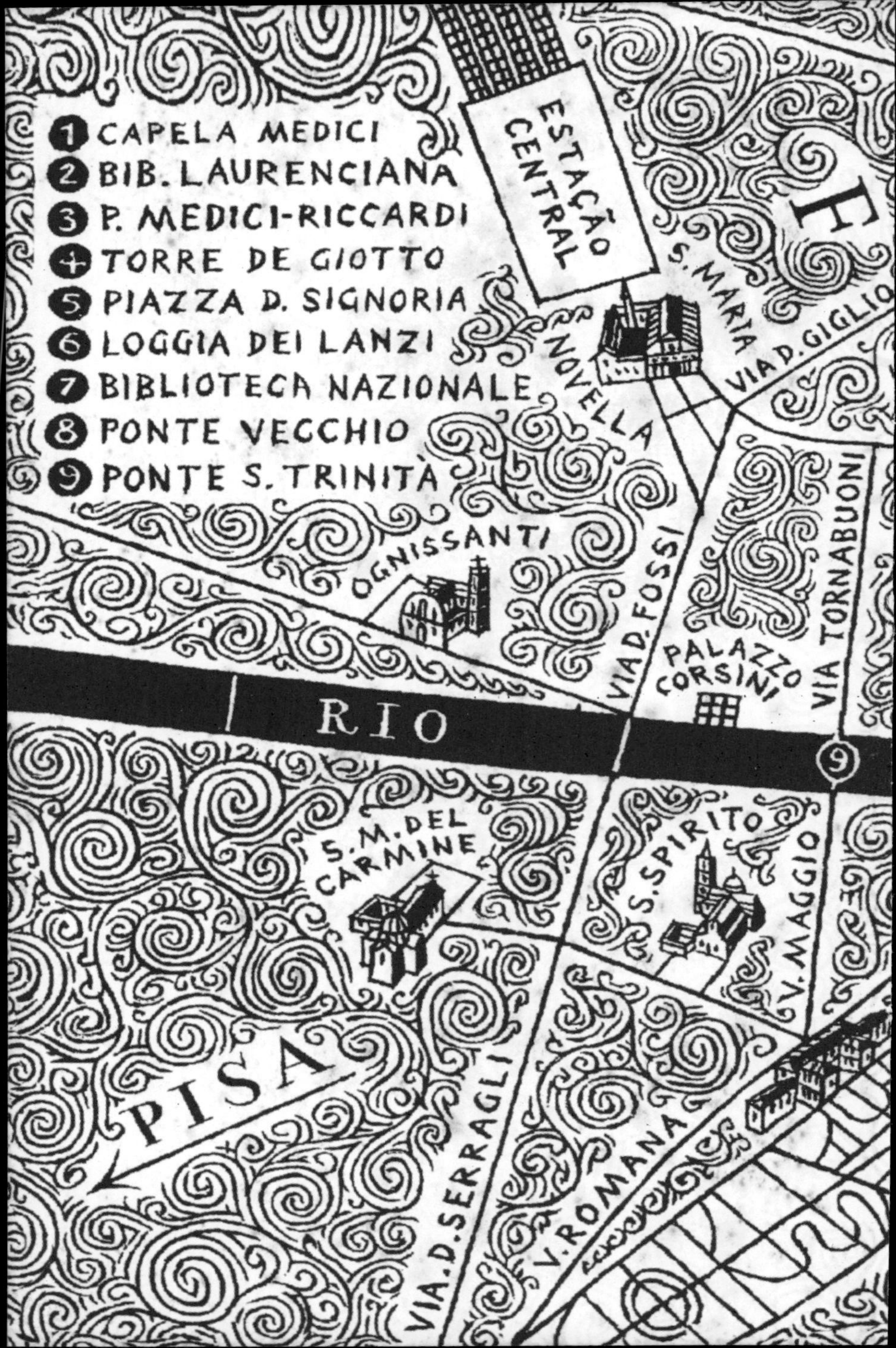

1 CAPELA MEDICI
2 BIB. LAURENCIANA
3 P. MEDICI-RICCARDI
4 TORRE DE GIOTTO
5 PIAZZA D. SIGNORIA
6 LOGGIA DEI LANZI
7 BIBLIOTECA NAZIONALE
8 PONTE VECCHIO
9 PONTE S. TRINITÀ
ESTAÇÃO CENTRAL
S. MARIA NOVELLA
VIA D. GIGLIO
VIA TORNABUONI
OGNISSANTI
VIA D. FOSSI
PALAZZO CORSINI
RIO
9
S. M. DEL CARMINE
S. SPIRITO
V. MAGGIO
PISA
VIA D. SERRAGLI
V. ROMANA